KB259868

감성 만들기

감성

만들기

용혜원 지음

책만드는집

훌륭한 리더가 되려면
감성이 살아 있어야 하고 감성을 잘 다룰 수 있어야 한다.
뛰어난 감성이야말로 가장 전략적인 활동의 결과이다.

CONTENTS

01 비전을 가져라

비전이 분명한 사람이 성공한다. 비전이란 다른 사람들이 볼 수 없는 것을 보는 능력이다. 비전은 성공을 만드는 가장 훌륭한 재료다. 비전이 있으면 열정이 생긴다. 비전이 있으면 확신을 가지고 열정을 쏟을 수 있다. 비전은 미래를 멋지게 만든다. 미래는 넓고 무한한 가능성을 가지고 다가온다.

비전이 없으면 내일이 없다. 비전은 성공하기 위해 꼭 필요한 필수 조건이다. 비전이 확실한 사람만이 성공의 문에 들어갈 수 있다. 미래는 오늘의 결과로 만들어진다.

필자는 오랫동안 수많은 곳에서 성공에 관한 강연을 하면서 많은 사람에게 꿈과 비전이 무엇인가를 물었다. 그러나 90% 이상의 사람들이 자신의 꿈과 비전을 확실하게 말하지 못했다. 그들은 그저 막연히 "잘 살고 싶다, 가족과 행복하게 살고 싶다, 돈을 많이 벌었으면 좋겠다, 하는 일이 잘되었으면 좋겠다"라는 말로 표현했다.

자신의 꿈과 비전을 분명하게 말하는 사람의 눈빛은 뭔가 다르다. 그들의 가슴에는 강렬한 열정이 있다는 것을 느낄 수 있다. 비전이 있다면 말하고 행동으로 옮겨야 한다. 그러면 비전이 하나씩 현실로 이루어진다.

성공하는 사람은 비전이 확실하다. 성공하기를 원한다면 비전의 가치를 높여야 한다. 마음속 깊이 간절하게 원한다면 꿈과 비전은 이루어진다. 비전이 이루어질 때까지 도전해야 놀랍고 찬란한 빛을 발한다.

우리의 마음에는 원하는 것이 너무나 많이 들어차 있다. 자만심을 버리고 겸손한 마음으로 도전한다면 분명 성공할 수 있다. 비전을 가지고 세상을 향해 손을 내밀어라. 그러면 세상도 그 손을 잡아줄 것이다.

성공이란 자신이 가지고 있는 비전을 현실로 바꾸는 것이다. 꿈과 비전을 분명하게 가지고 살아가야 한다. 또한 자신의 일에 집중하고 열심을 다해야 한다. 비전을 이루기 위해서는 부단한 노력이 필요하다. 자신이 가지고 있는 능력을 잘 알고 그 힘 이상을 발휘해야 비전을 이룰 수 있다.

비전을 가지고 있어야 열정과 흥미를 제대로 표현할 수 있다. 비전이 있으면 어려움도 극복할 수 있다. 비전이 있으면 용기가 생긴다.

비전은 성공을 위한 주춧돌이 된다. 얼굴을 밝게 만들어주고 즐거운 마음으로 당당하게 살아갈 수 있는 힘을 준다.

미국의 한 철도 회사에서 두 사람이 도랑을 파는 일을 하고 있었다. 한 사람은 일을 시작한 지 얼마 되지 않았고, 한 사람은 똑같은 일을 수십 년 동안 계속해온 사람이었다.

일을 시작한 지 얼마 안 되는 새내기가 물었다.

"어제저녁에 회장님 리무진에서 내린 사람이 선배님 아니십니까?"

나이 든 사람이 말했다.

"자네 말이 맞네. 회장님과 함께 저녁을 먹었다네."

새내기는 어리둥절한 표정으로 다시 물었다.

"아니! 어떻게 회장님과 함께 식사를 하셨습니까?"

"회장님과 나는 오래전부터 잘 아는 친구 사이지. 우리는 똑같이 오래전에 도랑을 파는 일을 했다네. 나는 돈을 벌기 위해 일을 했지만 회장님은 비전을 가지고 일을 했지!"

비전을 가지고 있는 사람은 현실에 안주하지 않고 내일을 바라보며 산다. 내일에 우리의 성공이 있다. 비전은 싹트고 자라나 꽃을 피우고 열매를 맺는다. 자신의 비전을 제대로 만들고 이루어가는 사람이 성공한다. 비전이 있는 사람은 언젠가는 그것을 이루어낸다. 비전을 제시하지 못하는 사람은 남을 탓하고 불평하고 변명하기를 좋아한다. 그렇기 때문에 비전이 없는 사람은 무능력해질 수밖에 없다.

우리는 성공할 자격과 능력이 있는 사람이다. 꿈과 비전을 향해 도전해나가야 한다. 비전을 가진 사람은 하나같이 내일을 향해 달려가고 있다. 그는 좀처럼 지치지 않는다. 그에게 꿈과 비전을 물어보면 분명하게 대답한다. 비전이 있는 사람은 어디서나 태도가 당당하다.

비전이 있는 사람은 삶에 여유가 있다. 남에게 기쁨과 감동을 줄 수 있는 사람은 자신의 꿈과 비전을 분명하게 이루어가는 사람이다. 그런 사람에게 성공의 기회가 찾아오고 성공하는 기쁨을 맛볼 수 있는 시간이 찾아온다.

하버드대학의 한 박사는 대부분의 인간이 자신이 가지고 있는 능력의 15% 정도밖에 사용하지 않는다고 말했다. 결국 85%의 능력을 사용하지 못하고 있다는 얘기다. 이 사용하지 못하고 있는 능력을 제대로 발휘한다면 아주 놀라운 일을 해낼 수 있을 것이다. 이 능력을 계발해 꿈과 비전을 이루어야 한다.

성공한 사람의 가장 큰 특징은 강한 확신을 가지고 있다는 것이다. 그는 "아마 되겠지"가 아니라 "틀림없이 된다. 나는 할 수 있다"라는 확신을 가지고 열정을 쏟아서 일한다. 그렇게 일한 결과 성공할 수 있는 것이다.

비전은 강한 확신과 힘을 만들어준다. 비전은 우리로 하여금 능력 있는 사람이 되게 한다. 100% 완벽한 사람은 없다. 누구에게나 부족한 점이 있다. 실수는 누구나 겪는 일이다. 그러므로 자신감을 가지고 도전해볼 필요가 있다. 하루하루를 비전을 상기하며 보람 있고 의미 있게 살아간다면 모든 일에 확신이 넘칠 것이다.

비전이 분명하다는 것은 삶을 충만하게 살아갈 가능성이 크다는 것이다. 비전이 확실해지면 자신의 비전을 이루기 위해 버려야 할 것은 과감하게 버려야 한다.

꿈이 있으면 가슴이 뜨거워진다. 꿈이 있으면 힘이 솟아나고 고통을 이겨낼 수 있다. 비전은 재능을 발휘하게 하고 즐거움을 주고 경쟁력을 키워준다.

비전을 통해 자신을 알고 살아가는 사람의 삶이 더 재미가 있고 가치가 있다. 스스로에게 자극을 줄 수 있을 때 더 큰 능력을 발휘할 수 있다.

꿈과 비전이 있으면 삶에 리듬감과 탄력이 생겨난다. 꿈이 없는 사람은 삶을 무의미하게 살아간다. 비전이 있는 사람은 자신이 무엇을 원하는지 잘 안다. 그렇기에 비전은 자신의 일을 즐거운 것으로 여기도록 만들고 흥미롭게 한다.

우리는 생각하는 대로 행동하게 된다. 비관적으로 생각하면 비관적으로 움직이게 되고 긍정적으로 생각하면 긍정적으로 움직이게 된다. 무엇이든지 할 수 있다고 생각하고 행동해야 한다. 성공은 이미 시작되고 있다. 호기심이 있고 확신이 있으면 날마다 즐겁게 보낼 수 있다.

대부분의 사람은 아주 단순하게 살아간다. 그러나 꿈과 비전이 있는 사람은 열심히 노력할 줄 알고 성취할 줄 안다. 언제나 자신의 마음을 잘 다스려 기분 좋게 일한다. 삶 속에서 성공을 만드는 긍정적인 사고가 필요하다. 자신을 향해 외쳐봐라.

"나는 할 수 있다!"

열정을 가지고 일할수록 기회는 더 많이 찾아온다.

시인 월트 휘트먼은 이렇게 말했다.

"추위에 떨어본 사람만이 태양의 따스함을 안다. 이와 마찬가지로 고난을 많이 겪어본 사람일수록 삶의 귀중함을 안다."

삶은 고난을 통해 성장한다. 고난을 통해 자신감은 진가를 발휘하게 된다. 고난은 분명하고 확실하게 그것을 이겨낸 가치를 우리에게 알려준다. 이 세상에 가치 없는 고난은 없다.

하고 싶은 일이 있다면 걱정하거나 주저하지 말고 비전을 가지고 실행해야 한다.

"걱정이란 속임수와 희미한 안개로 구성된 우리의 적이다"라는 말을 명심해라. 걱정이 우리에게 해주는 것은 아무것도 없다. 모든 걱정을 떨쳐버리고 시작해보는 것이다.

하루하루 당면한 일만 해결하려는 데 급급하지 말고 고통을 피할 수 있는 쉬운 길보다 비전을 이루어낼 수 있는 고난의 길을 묵묵히 걸어가야 한다. 우리는 꺾이지 않는 인내를 가지고 비전을 이루어야 한다.

성공을 하려면 세상이란 바다에 몸을 던져야 한다. 인생이란 경기장에 비전을 쏟아 부어야 한다. 꿈이 있으면 마음속에 기쁨이 충만해지고 더 넓은 안목으로 세상을 바라볼 수 있게 된다. 성공을 하려면 체험하며 살아가는 것이 매우 중요하다.

부커 워싱턴은 대학 교육을 받았으면 하고 생각하던 차에 흑인을 받아들이는 대학이 있다는 소문을 듣고 몇백 마일이나 걸어서 그 대학을 찾아갔다. 그러나 대학은 이미 정원이 다 차서 더 이상 학생을 받을 수 없는 상태였다.

하지만 그는 포기하지 않고 끈질기게 선생님을 설득해 마루 청소, 침대 만들기, 유리창 닦기 등의 허드렛일을 하는 조건으로 학교에 남게 되었다. 그리고 그 후 그는 학생으로서 대학에 들어갈 수 있게 되었다. 그는 안 되는 상황에서도 포기하지 않고 할 수 있다는 생각으로 도전해 뜻한 바를 이뤄낸 것이다.

우리 안에는 수많은 비전과 그 비전을 이루어낼 능력이 있다. 자신이 어떤 일에 능력이 있는지 잘 찾아내고 발견하여 비전을 만들고 이루어가야 한다.

메리 케이 애시는 이렇게 말했다.

"내게 있어 삶은 금세 꺼져버리는 촛불이 아니다. 그것은 내가 미래 세대에 전해주기 전까지 가능한 밝게 타오르도록 만들고 싶은 눈부신 횃불이다."

꿈과 비전을 정했다면 자신의 어떠한 악조건과 불편한 환경도 장애물이라고 생각하지 말고 뛰어넘어야 한다. 자신의 처지와 여건을 이겨내지 못하면 성공할 수 없다. 부단한 노력과 경험을 통해 성숙해져야 한다.

꿈을 이루려면 자신의 나약한 것들을 단호하게 뿌리치고 굳건히 일어서야 한다. 스스로 성공을 만들어가야 한다. 다른 사람이 이룬 것이 때로는 쉽게 보여도 그것을 이루기까지는 수많은 땀과 눈물이 있었다는 걸 알아야 한다.

『해리 포터』의 작가 조앤 롤링은 남편과 이혼하고 영국 빈민가에 초라한 방 한 칸을 얻어 4개월 된 딸과 함께 생활하고 있었다. 일자리가 없어 1년여 동안 생활 보조금으로 연명하다 동화를 쓰기로 결심하고 자신의 꿈을 종이에 옮겼다. 상상력이 풍부했던 그녀는 어린 시절부터 마음속에 품어왔던 재미있는 이야기를 쓰기 시작한 것이다.

그녀는 이혼 후 온갖 어려운 생활을 했지만 눈물 나는 현실 속에서도 끝까지 꿈을 포기하지 않았다. 그녀는 상상 속에 머물던 것을 『해리 포터』라는 책 속에 담았다. 그렇게 그녀는 꿈을 잃지 않고 그것을 이루기 위해 많은 노력을 했기에 세계적으로 유명한 작가가 되었다. 그리고 지금은 손꼽히는 세계의 부호들 중 한 사람이 된 것이다.

꿈과 비전을 가지고 있다면 아무리 힘들고 어려운 상황이 닥쳐

Tip
비전을 가진 사람의 특성

- 자신이 가진 남보다 뛰어난 부분을 찾아낼 줄 안다.
- 자신의 성격의 경향과 특성을 단련해 최고도로 발전시킨다.
- 자신의 능력을 활용하기 위해 끊임없는 노력을 기울인다.
- 어떠한 경우에도 열정을 잃지 않는다.
- 직감적인 통찰력을 얻을 수 있을 만큼 두뇌를 집중적으로 사용한다.
- 목표 달성에 필요한 대가를 알고, 그 대가를 치르면 반드시 목적이 이루어질 수 있다는 확신을 잃지 않는다.

도 주저앉지 않고 이겨내어 성공을 만들어나가야 한다. 자신의 모든 것을 꿈과 비전 속에 아낌없이 던질 수 있는 자신감이 있어야 한다.

꿈과 비전을 분명하게 가진 사람은 삶을 즐겁게 살아간다. 비전을 가지고 내일을 향해 달려간다. 지금 이 순간이야말로 가장 멋지고 신나게, 열정적으로 살아가야 할 때다. 흔들리지 않는 비전을 가져라.

02 열정을 불태워라

헨리 포드는 "열정은 모든 발전의 토대다. 열정이 있으면 업적을 이룰 수 있지만 열정이 없다면 변명만 남는다"라고 말했다.

기적은 열정이 만드는 것이다. 열정이 삶의 새로운 변화를 만들고 성공을 만든다. 열정이 있는 사람은 눈빛과 말과 행동이 다르다. 가슴이 뜨겁고, 눈빛이 살아 있고, 마음에 강한 확신이 있다.

이 세상을 멋지고 활기차게 살아가는 사람은 뜨거운 열정을 가진 사람이다. 삶에 뜨거운 열정을 불태워라. 여름날에는 작열하는 태양이 온 땅에 열기를 가한다. 그 뜨거운 열정 속에 나무는 자라고 곡식은 열매를 맺고 과일은 탐스럽게 익어간다.

열정을 가진 사람은 거대한 힘을 창출해낸다. 열정을 가진 사람은 분명한 목표를 세우고 자신의 일에 집중한다. 그는 자신은 물론 가족과 주변 사람들까지 행복하게 만든다. 열정을 가진 사람의 가슴에는 내일을 향한 꿈과 비전이 가득하다. 태양이 빛을 발하고 나무가 꽃을 피우고 열매를 맺듯이 열정을 불태우며 자신의 능력을 마음껏 쏟아낸다. 그런 사람과 함께 있으면 절로 신이 난다.

이 시대를 이끌어가는 열정이 있는 사람은 환경이나 조건을 따지기보다 자신의 가능성을 찾아내 가능으로 바꾼다. 만리장성도 돌 하나에서 시작하며 큰 강도 물 한 방울에서 시작한다. 자신의 가슴에 뜨거운 열정만 있다면 크나큰 변화를 가져올 수 있다. 우리에게는 무엇을 가지고 있느냐가 아니라 우리가 가지고 있는 것으로 무엇을 해나가느냐 하는 것이 진정한 문제다. 우리는 우리에게 있는 모든 열정을 여름날의 소낙비처럼 쏟아내야 한다.

만약 칭기즈칸에게 열정이 없었다면 그의 인생은 양치기로 끝났을 것이다. 칭기즈칸은 자신의 삶을 이렇게 말했다.

"집안이 나쁘다고 탓하지 마라. 나는 아홉 살 때 아버지를 여의고

마을에서 쫓겨났다. 가난하다고 말하지 마라. 나는 들쥐를 잡아먹으며 연명했고, 내가 살던 땅에는 시든 나무마다 비린내만 났다. 작은 나라에서 태어났다고 불평하지 마라. 나는 그림자 말고는 친구도 없고 병사로만 10만, 백성은 어린애, 노인까지 합쳐 2백만 명도 되지 않았다. 배운 게 없다고, 힘이 없다고 말하지 마라. 나는 내 이름도 쓸 줄 몰랐으나 남의 말에 귀를 기울이면서 현명해지는 법을 배웠다. 너무 막막하다고, 그래서 포기해야겠다고 말하지 마라. 나는 목에 칼을 쓰고도 탈출했고, 뺨에 화살을 맞고 죽었다 살아나기도 했다. 적은 밖에 있는 것이 아니라 내 안에 있다. 나는 내게 거추장스러운 것은 모두 쓸어버렸다. 나를 극복하는 그 순간, 나는 칭기즈칸이 되었다."

칭기즈칸에게 열정이 없었다면 그의 이름은 역사 속으로 사라졌을 것이다. 확신과 열정이 없으면 아무도 도전해 이루어낼 수가 없다.

열정은 단순한 그 어떤 재능보다 더 중요하고 강력한 힘을 가지고 있다. 열정은 목표에 몰입하게 하고, 추진력을 이끌어내 강하고 담대하게 성공을 향해 전진하게 만든다. 열정은 종종 더할 나위 없이 영리한 사람을 우둔하게 만들고 우둔한 사람을 영리하게 만

든다. 열정은 영감과 흥분과 환희를 동반한다. 성공을 원하는 사람에게 필요한 것은 가슴을 뜨겁게 하는 열정이다.

열정을 쏟으면 삶이 변화하기 시작한다. 열정이 있으면 삶이 열매를 맺기 시작한다. 성공을 원한다면 열정을 쏟아 부어라. 열정이 있는 사람이 성공의 주인공이 될 수 있다.

사람은 누구나 성공을 원한다. 자신의 삶에서 즐거움과 만족을 얻고 싶어한다. 성공을 향해 달려가는 사람에게는 열정이 있다. 자신이 하고자 하는 일에 모든 것을 다 걸고 뛰어든다. 그의 눈빛은 빛나고 가슴은 뜨거우며 얼굴에는 미소가 있다. 열정적인 사람은 모든 일에 적극적으로 임한다. 열정적인 사람은 사람의 마음을 당기는 힘과 매력을 가지고 있다. 사람을 당기는 사람이 성공한다. 사람들 속에 성공이 있기 때문이다.

열정은 자신이 하고자 하는 일에 불타오르는 열의와 관심을 갖는 것이다.

성공을 하려면 하고자 하는 일에 풍덩 뛰어들어라. 자신이 하는 일에 미치도록 즐겨라.

세계적으로 뛰어난 연주가들을 보면 혼신의 힘을 다하며 피나는 연습을 거듭한 사람들임을 알 수 있다. 모든 일의 시작은 서툴고 어려울 수 있다. 그러나 열정을 쏟는다면 곧 익숙하고 자유롭게 될 것이다.

열정을 가진 사람은 불가능을 가능으로 만들어낸다. 현실 속에서 이유와 조건을 따지기보다 최선을 다해 변화를 시도하는 사람이 성공한다.

성공하는 사람과 실패하는 사람의 차이는 바로 열정이 있느냐 없느냐의 차이에서 온다. 열정은 우리 앞에 다가오는 역경을 두려워하지 않고 그것에 맞서는 도전 정신이다. 우리의 삶에는 험준한 산맥이나 폭풍우가 몰아치는 거센 바다와 같이 많은 어려움이 도사리고 있다. 고난은 성공을 만드는 과정이다. 성공을 원한다면 세상이란 바다에 열정이라는 그물을 던져라.

처음부터 성공하는 사람은 없다. 씨앗이 싹 터 줄기와 가지가 자라고 세월이 흘러감에 따라 큰 나무가 되어 풍성한 열매를 맺는 것처럼 우리의 삶도 마찬가지다. 시시때때로 몰아쳐 오는 실패와 고난과 역경의 수렁에서 자신을 건져내어 성공을 만들어내는 힘이 바로 열정이다.

성공하려면 열정을 가져라. 가슴이 뜨겁도록 열심을 다해 살아가라. 아낌없이 자신의 열정을 쏟아 부어라. 자신의 능력을 믿고 절대로 꿈과 비전을 포기하지 말아야 한다. 누구나 성공할 수 있는 무한한 잠재력을 가지고 있다. 자신의 재능과 결단력 속에 열정을 쏟아 부을 때 성공이란 사다리를 끝까지 올라갈 수 있다.

열정이 있는 사람은 어떤 역경과 어려움도 잘 대처해나갈 수 있다. 강하고 담대하게 외쳐봐라.

"나는 할 수 있다!"

구름도 모여야 비를 뿌린다. 바람이 몰아쳐야 파도가 일어난다. 몸과 마음도 하나가 되어 열정을 쏟아내야 큰일을 해낼 수 있다.

열정은 무한한 능력을 만들어낸다. 무에서 유를 만들어내는 힘이다. 우리는 이러한 일을 기적이라 한다. 우리는 삶에서 멋진 기적을 맛보며 살아야 한다. 그 기쁨과 감동은 말로 표현할 수 없는 것이다. 성공하기를 원한다면 성공을 향해 도전하려는 의욕을 가져야 한다. 열등감은 열정을 꺼뜨리는 원인이 된다. 열등감을 과감하게 버려라. 누구나 변할 수 있다.

윌리엄 L. 쉬러는 이렇게 말했다.

"간디는 인간이었기에 결코 완벽하지 않았다. 그는 누구보다 먼저 공개적으로 그것을 인정했다. 모든 위대한 업적을 역사에 남긴 사람들처럼 그는 역설적이고 모순된 점을 많이 지닌 사람이었다."

이 세상에 완벽한 사람은 없다. 자기의 부족한 점을 알고 채워가는 사람이 진정 능력 있는 사람이다.

미쉐린의 최고 경영자인 프랑수아 미슐랭은 이렇게 말했다.

"나는 경험으로 알고 있다. 인간은 극한 상황에 처했을 때 그것을 극복하는 놀라운 저력을 발휘한다는 것을. 나는 인간의 능력을 신뢰한다. 인간은 자기의 가능성을 인정받고 그 가능성을 펼칠 기회를 얻으면 무한한 능력을 발휘한다. 유일하고, 자유롭고, 책임감 있는 모든 인간은 태양처럼 빛이 난다. 자신의 에너지를 자유롭게, 최대한 발휘하는 것이 가장 중요하다."

성공하는 사람은 긍정적인 사고방식을 가지고 있다. 그는 매사에 적극적인 행동을 한다. 열정이 있는 사람은 끊임없이 "이렇게 하는 것이 좋지 않을까?"라고 생각하며 실천에 옮긴다. 열정이 있는 사람의 특징은 강한 확신을 가지고 있다는 것이다. "틀림없이 잘될 거야!", "나는 할 수 있다!"라는 생각을 가지고 행동으로 옮긴다. 열정을 가진 사람은 인내심과 끈기를 가지고 있다. 그는 스스로 이렇게 외치면서 성공을 만들어간다.

"손에서 일을 놓지 말자. 계속해서 앞으로 전진한다."

처음부터 대단한 존재여야만 성공하는 것이 아니다. 자신의 부

족과 나약함을 뛰어넘어 삶을 새롭게 시작하는 사람이 성공을 만들어내는 것이다. 그러므로 성공하려면 끊임없이 변화를 시도하고 노력해야 한다. 우리는 변화할 수 있는 힘과 능력을 가지고 있다. 목표를 향해 전진하는 용기 있는 행동이 필요하다. 이 행동이 바로 열정이다.

가슴을 활짝 열고 세상을 다 받아들여라. 열린 마음으로 행동할 때 자신을 마음껏 표현할 수 있다. 자신의 능력을 극대화할 수 있는 사람이 열정을 쏟을 수 있다. 말로 표현하는 것이 아니라 행동으로 표현하는 것이 열정이다.

많은 사람이 자신의 능력을 마음껏 사용하지 못하고 있다. 열정을 가지고 자신의 능력을 100% 쏟아내야 한다. 흐트러진 마음을 하나로 모아 열정을 만들어야 한다. 열정은 우리 삶의 에너지를 강력하게 만들어준다.

자신의 주변에 성공적인 삶을 살아가는 사람이 있다면 그의 얼굴을 봐라. 그의 눈빛, 그의 모습에서 불타오르는 열정을 발견할 수 있을 것이다.

열정은 자신을 믿고 뛰어드는 것이다. 열정은 자기 스스로 만들어야 한다. 열정이 있어야 삶이 변화된다. 삶을 공격적으로 살아가라. 변화된 자신의 모습을 찾을 수 있을 것이다.

맥스웰 왈츠가 이렇게 말했다.

"95%의 사람은 열등감을 가지고 모든 것에 심한 무력감을 느끼며 살아간다."

우리의 삶이란 얼마나 소중한가? 이 소중한 삶을 심장이 뜨겁도록 열정적으로 살아야 한다. 자신이 하고자 하는 일에 미친 듯이 열중한다면 안 될 것이 무엇이 있겠는가?

씨앗은 싹을 틔울 때 가지고 있는 힘의 2백 배를 내야 한다고 한다. 씨앗이 큰 나무가 되기 위해서는 가지고 있는 열정을 다 쏟아야 하는 것이다. 감나무 중에는 열매를 맺으면 감이 무려 만 개나 열리는 것도 있다고 한다. 열정의 힘은 참으로 대단한 결과를 만든다. 성공한 사람은 자신의 피와 땀과 눈물을 다 쏟았기에 그런 결과를 얻을 수 있었던 것이다. 그래서 그가 이루어놓은 성공은 참으로 값지고 보배로운 것이다.

랠프 월도 에머슨은 이렇게 말했다.

"열정 없이는 어떤 위대한 것도 성취할 수 없다."

할 수 없는 중대한 일과 하지 않는 사소한 일 사이에서 방황하며 전혀 손을 써보지 못하는 경우가 있다. 성공을 원한다면 기꺼이 배우고 노력해야 한다. 우리는 살아가면서 바다를 순항하는 배만 타는 것이 아니다. 시시각각으로 다가오는 절박한 상황을 이겨내기 위해 피나는 노력을 해야 한다.

어떠한 상황에서도 쉽게 포기해서는 안 된다. 아주 절망스런 사태가 일어나더라도 그것은 한순간일 뿐이다. 해결하지 못할 문제는 없다. 모든 문제, 장애, 고통은 모두 해결될 수 있다. 하느님은 극복할 수 없는 시련은 주시지 않는다는 말이 있다. 피나는 노력으로 성공이라는 멋진 결과를 만들어가야 한다.

군대에서 훈련할 때 훈련병들에게 이런 말을 한다.

"훈련받을 때의 땀 한 방울은 전쟁터에서의 피 한 방울과 같다."

그만큼 노력은 우리를 배신하지 않는 것이다. 우리가 보고 듣고 알고 체험하는 모든 것은 성공으로 가는 길을 만들어준다. 수많은 성공한 사람의 특징은 바로 노력을 게을리 하지 않았다는 것이다. 성공한 사람들이 성취한 것 중에 아무런 노력 없이 이루어진 것은 없다.

존 워너메이커는 이렇게 말했다.

"성공의 방법은 반드시 알릴 필요가 없다. 능히 한 가지 해야 할 일을 찾아 이에 전력하기만 하면 된다."

이 세상에 수많은 성공의 공식이 있지만 피나는 노력을 하는 것만큼 확실한 방법이 있을까. 노력은 결과를 만든다. 그러나 많은 사람이 노력 없이 한탕주의로 쉽게 성공하고 싶어하기에 비참한 모습으로 전락하는 경우가 많은 것이다. 우리는 도박이나 투기로 인해 삶이 행복해졌다는 이야기보다는 불행해지거나 패가망신했다는 이야기를 더 많이 듣게 된다. 노력 없는 결과는 있을 수 없다. 노력한 만큼 누리고 사는 것이다.

마이클 조든이 이렇게 말했다.

"열정도 능력이다. 열정이 없으면 성취도 없다. 도전을 사랑할 때 경기를 갈망하게 되고 경기를 갈망하면 연습이 더욱 즐거워진다."

페트 노드버그는 장시간의 수술 끝에 기적적으로 생명을 건졌다. 그러나 그녀는 수술 결과 실어증에 걸리고 근육에도 문제가 생겨 활동도 부자유하게 되었다. 실어증이 오면서 그녀는 과거의 기억도 잊어버렸다. 페트는 어떤 직장에도 취직할 수 없었다. 그래서 페트는 자신처럼 활동이 어려운 정신지체아들을 도와주기로 결심했다. 이 일을 도와주는 동안 페트는 신앙 안에서 새로운 영감을 받고 자신의 마음에 원대한 목표를 갖게 되었다. 정신지체아를 위한 상담역이 되고자 하는 계획이었다.

페트는 이 계획의 1단계 목표로 운전면허를 따는 것으로 정했다. 그녀는 2년 동안 하와이 훌라댄스를 배우고 연습하면서 신체의 부자유도 어느 정도 극복해 면허증을 따는 데 성공했다.

2단계 목표는 대학을 졸업해 상담자 면허증을 따는 것이었다. 그녀는 피나는 노력 끝에 2단계 목표도 달성했다. 페트는 목표를 향한 불붙는 열의로 실어증과 신체의 부자유함을 극복하고 정신지체아들의 상담자로 큰일을 할 수 있게 된 것이다.

땀과 눈물과 피로써 얻은 성공만이 온전한 것이다. 쉽게 이루거나 남이 이룬 것을 거저 얻은 성공은 금방 허물어지고 만다. 아무런 후회 없이 최선을 다했을 때 얻는 성공이 진정한 성공이다.

우리는 노동의 기쁨을 알아야 한다. 열심히 일하는 기쁨 속에서 성공에 대한 집념과 근성을 배우게 된다.

게으른 사람이 유혹에 잘 넘어간다. 열정을 다하는 사람은 한눈을 팔 시간조차 없다. 아무런 노력 없이 성공하려는 사람은 마치 주먹을 꼭 쥐고 물건을 잡으려고 하는 어리석은 이와 같다.

톰 피터스가 이렇게 말했다.

"열정이나 에너지가 전혀 없고, 창조적이지 않으며, 똑똑하지도 흥미롭지도 않고, 재미도 없는 회사에서 일한다면 당신은 심각한 문제를 가지고 있는 것이다."

우리가 꿈을 이루기 위해 노력한다면 자신에게는 물론 주변 사람에게도 좋은 일이 될 것이다. 나 때문에 이 지구상에서 누군가 행복할 수 있다면 그 얼마나 의미 있는 삶을 살아가는 것인가.

- 작은 것에서 행복을 느낀다.
- 나 자신을 사랑한다.
- 배우는 것을 게을리 하지 않는다.
- 많이 웃고 좋은 생각만 한다.
- 계획을 가지고 움직인다.

03 도전 정신을 가져라

도전 정신을 가져야 창조적으로 성공을 만들어갈 수 있다. 도전할 수 있어야 성공의 기쁨을 만끽할 수 있기 때문이다.

로버트 엘버터는 이렇게 말했다.

"자신을 변화시키는 것은 일종의 도전이다. 물론 쉽지는 않지만 당신은 해낼 수 있다."

세계의 새로운 역사와 기록은 도전하는 사람이 만든다. 기업도 마찬가지다. 도전하는 사람이 신기술, 신제품, 신기록을 만든다.

전설적인 인물인 빈스 롬바르디는 그린베이패커스 팀의 풋볼

코치로서 성공적인 삶을 살았다. 그는 은퇴했다가 다시 코치로 돌아오자 그를 사랑하는 토미 프로스로는 이렇게 말했다.

"나 역시 모든 시합에서 다 이기고 싶지만 늘 이기기만 한다면 승리는 그렇게 큰 의미가 없을 것이다. 그래서 빈스는 그만두었을 것이다. 그는 너무 많이 이겼다. 그는 승리가 그리워서 다시 돌아왔지만 다시 돌아왔을 때 그에게는 새로운 도전이 있었다. 그건 '컴백'이라는 도전이었다."

끊임없는 도전이 성공을 만들어낸다.

랠프 월도 에머슨이 이렇게 말했다.

"이 세상은 활기찬 모습으로 원대한 목표를 향해 변화해가는 사람의 것이다."

삶은 생존경쟁이다. 이기느냐 지느냐의 게임이다. 홀로는 도저히 헤어나기 어려운 암울한 현실 속에서도 쓸데없는 걱정만 하거나 절망해서는 안 된다. 아무리 괴로운 일이 있더라도 그 괴로움 때문에 쓰러지고 넘어져서는 안 된다. 도전 정신 속에 긍정적이고 낙관적인 마음을 가지고 살아야 한다.

성공을 하기 위한 가장 중요한 요소는 도전이다. 도전 정신을 잃으면 모든 것을 잃는다. 훌륭한 선박이라도 항구에만 정박해 있다면 아무런 가치가 없다. 좋은 상품을 싣고, 목적지를 향해 떠나야 좋은 선박의 가치가 있다.

노벨 물리학상을 받은 고시바는 운명적인 물리학자의 길을 걸어갔다. 고시바가 정년을 1년 앞두고 있었을 때 17만 광년 전에 폭발한 초신성에서 튀어나온 뉴트리노가 지구에 도착했다. 그리고 때맞춰 가미오칸데가 완성되어 뉴트리노를 맞을 준비를 하고 있었다. 고시바는 세계 최초로 초신성 뉴트리노를 관측하게 되었다. 우주가 노물리학자에게 준 마지막 선물이었다. 고시바가 항상 마음을 열고 자신에게 주어지는 새로운 도전을 받아들이고 끝까지 최선을 다했기에 내려진 복이라고 할 수 있다.

고시바는 노벨 물리학상을 탈 무렵 이렇게 말했다.

"무슨 일이든지 실제로 하면 된다는 것을 조금은 입증한 것이다."

도전하지 않는 사람은 삶의 가치를 모르는 사람이다.

찰스 슈왑은 "가장 어려운 도전은 평범한 사람이 하는 일과 다른 일을 하는 것이다"라고 말했다.

어느 유명한 회사에서 신입 사원을 선발할 때의 일이다. 좋은 학

벌을 가진 실력 있는 희망자가 많이 모였다. 서류와 필기시험을 통과한 1차 합격자들의 사람됨을 알아보는 면접시험이 남았다. 가장 중요한 면접시험은 사장이 직접 하기로 되어 있었다.

시험을 보는 사람들은 모두 사장이 묻는 말에 대답을 잘하려고 많은 준비를 했다. 그런데 이상하게도 사장은 한 사람씩을 만나보면서도 말 한마디 건네지 않았다. 면접시험이 끝나고 최종 7명의 합격자가 발표되었다. 떨어진 사람들은 어째서 합격이 되지 않았는지 궁금했다.

사장은 다음과 같이 대답했다.

"우리 회사는 똑똑한 사람보다 열심히 일하는 사람이 필요합니다. 그래서 면접을 보러 들어오는 문 앞에 휴지 한 장을 떨어뜨렸죠. 들어오면서 휴지를 주워 휴지통에 넣은 사람을 합격시켰습니다."

일은 입으로 하는 것이 아니라 손과 발을 움직여 하는 것이다. 도전하는 사람은 자신의 분명한 목표가 있으면 이루어질 때까지 쉴 새 없이 집중하고, 열심을 다해 일한다. 자신의 일에 언제나 최선을 다하는 사람이 성공한다.

어떤 꼬마가 유치원에서 집으로 돌아오는 길이었다. 놀이터에서 역기를 들고 있던 역도 선수가 꼬마를 불렀다.

"꼬마야! 너는 이 무거운 역기를 들지 못하지? 나는 역도 선수야! 그래서 이 무거운 역기를 번쩍 들 수 있다!"

이 말을 들은 꼬마는 빙그레 웃더니 가방을 벗어놓고 물구나무서서 이렇게 말했다.

"형아! 나는 지구를 들었다!"

역도 선수는 꼬마가 보여준 모습에 아무 말도 하지 못했다.

꼬마는 역도 선수의 생각의 한계를 과감하게 뛰어넘었다. 꼬마가 이런 생각과 행동을 하게 된 동기가 있을 것이다. 부모나 누군가가 아이에게 심어준 것이다. 꼬마는 전혀 기죽지 않고 당당하게 자신을 표현했다. 이토록 도전이란 참으로 멋지고 신나고 힘 나는 일이다. "나는 할 수 있다! 성공할 수 있다!"라고 확신할 때 도전이 성공을 만들어낸다.

붕어빵 장수도 숙련된 사람과 초보자는 다르다. 악기를 연주하는 사람도 마찬가지다. 구두 수선공도 마찬가지다. 성공을 하는 과정에는 고통과 아픔, 실패와 절망도 있을 수 있다. 성공이 다가올 때까지 쓰러지면 다시 일어서는 자신감이 필요하다. 성공한 사람은 그 성공만큼 실패를 경험한 사람이다. 그러므로 내일을 향해 과감하게 도전하는 정신이 필요하다.

시련을 이겨내면 고통조차 아름답게 보이는 법이다. 삶은 언제나 고난의 언덕을 만나기 때문이다. 확실한 비전을 가져야 고난을 이겨낼 수 있다. 자신이 할 수 있는 일부터 도전을 시작해보자.

오늘의 현실에서 온 마음을 다하고 내일을 향해 꿈과 비전을 가지고 열정을 다 쏟아 살아간다면 그것은 멋진 미래를 위해 씨앗을 뿌리는 일이 된다.

성공한 사람은 사소한 일에 마음이 잘 상하지 않는다. 자신감이 있다면 대범하게 행동해야 한다. 크게 생각하고 행동하는 사람이 성공한다. 변화를 겁내는 사람은 도전할 수 없다. 의심이나 편견을 떨쳐버려야 한다. 능력을 개발하면 무한정이라는 사실을 알아야 한다. 자신이 세상에서 가장 강력하고 위대한 힘을 가지고 있다는 생각으로 도전해야 한다.

괴테는 셰익스피어, 호메로스와 함께 세계적으로 유명한 시인이다. 그는 83세까지 천재적 재능을 발휘해 작품을 썼다. 15세 때 7개 국어를 마음껏 구사할 수 있는 실력을 쌓았다. 아버지의 영향을 받아 법률 공부를 했으나 문학 분야에 큰 뜻을 품었다. 그의 젊은 날의 사랑을 담은 『젊은 베르테르의 슬픔』은 당대는 물론 지금까지 읽히고 있는 명작이다.

괴테는 지상에서 일어나는 일 중 가장 불행한 일이라고 말할 수 있는 전쟁 속에서도 흔들리지 않고 과학과 문학, 그리고 미술의 세계에 몰두했다. 피난길에서 만난 적이 있는 나폴레옹은 괴테를 가리켜 이렇게 말했다.

"저 사람이야말로 참다운 인간이다!"

우리에게 다가오는 불행과 고통은 사랑으로 이겨낼 수 있다. 불행에 굴하지 않고 새로운 변화를 가져와야 한다.

목표가 분명하게 정해지면 쓸데없는 걱정은 하지 말고 정신을 집중해 시작해야 한다. 목표가 분명하면 때로는 쓰러지고 넘어질지라도 성공은 분명히 이루어진다.

성공을 향해 나가다가 어려움이 닥치면 미루지 말고 그때그때 당면한 어려움을 해결해야 한다. 지금 해야 할 일 외에 모든 잡다한 것은 깨끗이 던져버리고 일의 중요도에 따라 순차적으로 해결해나가야 한다. 쓸데없는 것들은 과거의 미로 속에 던져버려라. 다시는 돌아오지 않게 만들어야 한다.

신문왕 노스클리프는 어린 시절부터 글을 쓰는 능력이 뛰어났다. 15세부터 여러 신문에 자주 글을 실어서 독자들의 사랑을 받기 시작했고 독자들은 그를 상당한 문필가로 여겼다. 그는 《청년》이라는 잡지의 편집 일을 하면서 어느 날 브레이크라는 부호를 취재하게 되었다. 그 사람은 배운 것도 재산도 많지 않았지만 신발 바닥에 징을 쳐서 보호하는 아이디어로 백만장자가 되었다.

노스클리프는 브레이크의 방으로 들어가자마자 물었다.

"브레이크 선생님은 백만장자로 알고 있는데 어떻게 그렇게 많은 돈을 벌게 되셨습니까?"

브레이크는 이렇게 말했다.

"나는 무슨 일을 하든지 돈벌이가 되는 것만 생각했소. 오직 그것이 내 인생의 전부였다오."

이 말을 듣고 노스클리프는 깊이 깨달았다.

"참으로 성공하는 비결이 여기에 있구나. 이것도 해보고 저것도 해보자는 생각을 하다가는 아무것도 이룰 수가 없겠구나. 한 가지만 생각하면 성공하지 못할 이유가 없겠지? 그렇다면 내가 걸어갈 길은 신문밖에 없다."

1894년 그는 드디어 신문 사업에 착수해 파산 직전에 있던 〈이

브닝 뉴스 앤드 포스트〉를 사들여 경영에 성공한 후, 1896년 〈데일리 메일〉을 창간했다. 이 신문은 1900년까지 100만 부를 발행하는 당대 최고의 신문이 되었다.

1906년에는 〈타임스〉의 대주주가 됨으로 그는 신문왕으로 불리게 되었다.

자신이 하고자 하는 일에 자신감을 가지고 도전할 때 놀라운 결과로 나타나게 된다.

삭티 가웨인은 그의 저서 『창조적 관점』에서 이렇게 말하고 있다.

"'나는 앞으로 매력 있는 사람이 되겠다'라는 말보다는 '나는 지금 매력 있는 사람이다'라고 표현하는 것이 중요하다."

성공하려면 자신의 마음의 법칙을 바꾸어놓아야 한다. 도전 정신이 성공을 만드는 법칙이다. 도전 정신을 가지고 항상 긍정적인 사고를 하면서 가능성을 찾아내는 것이다. 긍정적인 사고를 하면 자신감이 생겨 적극적으로 행동할 수 있다. 도전 정신이 있는 사람은 해야 할 일과 하지 말아야 할 일을 분명하게 알고 결단을 내린다.

호메로스와 밀턴은 눈먼 시인이었다. 알렉산더도 몸에 문제가 있었으며 세익스피어는 절뚝발이였고 토머스 에디슨은 8세 때에

청각을 잃었다. 플라톤은 그의 저서 『공화국』을 쓸 때 첫 문장이 마음에 들지 않아서 아홉 번이나 고쳐서 썼다. 키케로는 자기만의 발성법을 만들기 위해 30년 동안 날마다 친구들 앞에서 연설을 했다고 한다. 성공한 사람들은 모두 다 자신을 잘 알고 자신감을 가지고 피나는 노력을 한 사람들이다.

우리가 도전 정신을 가지고 살아간다면 어떤 어려움과 고통도 잘 이겨낼 수 있다. 성공한 사람은 조건이나 환경이나 과거에 연연하지 않고 어떤 극한 상황도 이겨내며 승리를 만든다. 도전 정신은 자신이 원하는 삶을 눈앞의 현실로 만든다.

우리가 긍정적인 생각을 가지고 도전해나갈 때 그 어떤 어려움도 이겨낼 수 있다. 억지로 일을 하거나 뚜렷한 목표 의식이 없는 경우에는 일을 하면서 스트레스를 받게 된다. 삶에 기쁨이 넘치면 하루하루가 즐겁다. 삶에 지루함보다는 기대감이 넘쳐야 한다.

알베르트 슈바이처는 이렇게 말했다.

"중앙아프리카에는 '수면병'이라는 병이 있는데 이 병은 두통과 함께 전신이 나른해지고, 몸이 부어오르며, 수면 상태에 빠져 죽는 병이다. 영혼에도 수면병이라는 것이 있다. 이 질병이 무서운 이유는 환자 자신이 이 병에 걸렸다는 사실조차 깨닫지 못하기 때문이다. 바로 그 때문에 더욱 조심해야 한다. 영혼에 대해 약간이라도 무관심해지는 징조가 나타난다면, 즉 진지함이나 갈망, 열정, 열의 등이 사라져버린 것을 깨닫게 된다면 그 즉시 당신은 그 사실을 하나의 경고로 심각하게 받아들여야 한다. 아무 의식 없이 인생을 살아간다면 당신의 인생은 그것으로 인해 괴로워질 것이다."

오늘을 살아가는 많은 사람이 눈앞에 보이는 것만을 추구하고 얻어내기에 급급하다. 두려워만 하고 나약해져서 의욕을 잃을 때가 많다. 우리는 미래를 위해서 현실의 어떤 어려움도 극복하고 이겨낼 모험심을 가져야 한다. 자신의 삶의 각본을 새롭게 써서 성공이란 무대에 올려놓아야 한다.

실패란 무엇을 말하는 것인가. 실패는 성공하기 전에 "나는 할 수 없다!"라고 단념하는 것을 말한다. 즉 쉽게 포기하는 것을 말한다. 자신감을 가지고 성공이 이루질 때까지 인내하고 기다리며 열정을 쏟아 최선을 다한다면 분명히 성공은 이루어진다. 실패가 성공의 원천이 되도록 만들어야 한다.

전혀 알 수도 없는 미래를 위해 투자하는 것은 어리석은 일인지도 모른다. 그러나 미래를 준비하지 않는다면 아무것도 이룰 수가 없다.

성공하는 사람은 계속해서 도전해나간다. 어떤 경우에도 이유나 변명이나 불평을 하지 않는다. 할 수 있다는 확신을 가지고 도전해나가는 것이다.

새뮤얼 스마일스의 말을 기억해야 한다.

"인생이란 도전의 연속이다. 일단 내딛지 않으면 무슨 일이 일어날지 모른다."

도전하는 자가 성공을 손에 쥘 수 있다.

Tip

명언으로 보는 도전 정신

- 나비의 작은 날갯짓이 지구 반대편에선 커다란 태풍이 된다. –미상

- 평온한 바다는 결코 유능한 뱃사람을 만들 수 없다. –영국 속담

- 내 키는 땅으로부터 재면 가장 작지만 하늘로부터 재면 가장 크다.
  –나폴레옹

- 끝나버리기 전에는 무슨 일이든 불가능하다고 생각하지 마라. –키케로

- 걱정은 내일의 슬픔을 덜어주는 것이 아니라 오늘의 힘을 앗아간다. –코리 텐 붐

04 자신감을 만들어라

자신감은 당신 자신과 당신의 의도에 대한 확신이 결정적인 힘을 발휘한다.
자신감을 기르기 위해서는 주위의 사랑하는 사람, 친구, 동료,
그리고 일상에서 부딪치는 사람들로부터 오는 모든 의견에 귀를 기울이고
당신의 행동이 낳는 결과를 잘 관찰해야 한다.
— 패트리샤 헤이맨

자신감이란 믿음을 가지고 행동하는 것을 말한다.

새뮤얼 존슨은 이렇게 말했다.

"자신감은 큰 사업을 행하기 위한 가장 필수적인 조건이다."

자신감이 넘치는 사람은 자신을 신뢰하므로 태도가 당당하다.

자신감은 우리의 삶을 새롭게 변화시킨다.

레터맨은 "인간의 위대한 힘은 자신의 큰 약점을 극복하는 데서

일어난다"라고 했다.

살아 있는 것은 움직인다. 행동한다. 자라난다. 자신감이 넘치는

사람의 얼굴 표정은 뭔가 다르다. 여유와 웃음이 있고 따뜻한 배려가 있다. 또 매사에 확신을 가지고 살아간다.

우리의 삶은 우리에게 주어진 길이다. 하지만 똑같은 길을 가는 것은 아니다. 저마다 각자의 길을 가다 보면 들판도 나오고 언덕길, 비탈길, 산길, 들길도 나오기 마련이다. 편안한 길만을 가는 사람은 아무도 없다. 따라서 어떤 상황을 만나도 대처할 수 있는 마음과 열정이 중요하다. 그런 마음과 열정을 갖기 위해선 제일 먼저 자신감이 있어야 한다.

자신감을 가지면 성공을 달성하고 싶은 열정이 생기고 추진력이 생긴다. 자신감은 성공을 거두기 위해 필요한 용기를 심어준다.

꿈을 실현하는 비결을 알고 있는 사람이 정복할 수 없는 것은 없다. 이 비법은 호기심, 자신감, 일관성, 용기로 요약할 수 있다. 이 중에 가장 중요한 것은 자신감이다. 자신감을 가지면 삶에 재미를 느낄 수 있고 놀라운 일을 해낼 수 있다. 성공한 사람들은 대부분 긍정적이고 낙관적이며 자신감을 만들 수 있는 환경을 조성하며 살아간다.

미국의 심리학자 길버드는 이렇게 말했다.

"자신감이란 자신의 가치나 능력을 믿는 것이다. 기회를 포착해

자신의 것으로 만드는 사람이 자신감이 있는 사람이다."

삶은 두 길이다. 진취적으로 가는 길과 평범하게 가는 길이다. 높은 산에 올라가야 넓은 평야가 보인다.

찰스 가르시아는 이렇게 말했다.

"나 자신을 믿으면 무엇이든지 할 수 있다."

세상을 손안에 쥐어라! 자신이 가진 능력을 극대화하는 것이 자신감이다. 뱃사람의 능력을 알 수 있는 것은 폭풍우가 일 때이고, 장수의 용기를 볼 수 있는 것은 전쟁터에서다. 우리는 가장 위험한 순간에 처했을 때 그 사람의 됨됨이를 잘 알 수 있다. 자신감을 가지고 어떠한 역경과 고난도 이겨내야 한다. 고난은 시작도 있지만 분명 끝도 있다.

말로 표현하는 것보다 행동으로 옮기는 것이 자신감이다. 원하는 것이 있다면 행동해야 한다. 행동해야 얻을 수 있다. 자신감이 있느냐 없느냐에 따라 결과는 확연하게 달라진다. 맡겨진 일에 대해서는 할 수 있다는 자부심을 가져야 한다.

세상에 씨앗이 수천 개 수만 개 있으면 무엇 하는가? 싹이 나고 자라고 활짝 꽃 피우고 열매를 맺어야 한다. 자신감이 바로 성공의 씨앗이다. 큰 나무가 되어라. 열매를 마음껏 원 없이 맺어야 한다.

자신감

누에의 길이는 겨우 8센티미터밖에 되지 않는다. 그러나 이 누에에서 나오는 명주실은 자그마치 천 미터 이상이 된다. 누에는 자기 몸보다 2천 배가 넘는 실을 품고 있는 것이다. 자신감은 자신의 마음을 움직일 수 있는 능력이다.

태양은 꽃을 물들이고 예술은 인생을 물들이고 자신감은 삶을 성공으로 물들인다. 자신감은 무한한 능력을 만들어낸다.

에머슨은 "자신감은 성공의 비결이다"라고 말했다.

윌리엄 담로스는 이렇게 말했다.

"인생은 마치 칠판과 같다. 분필로 자기 마음대로 자기의 미래를 그릴 수가 있다."

자신감은 성공의 길이다. 성공하는 사람에게는 자신감이 보인다. 자기가 하고 싶은 일을 하고 있는 사람은 언제나 자신감이 넘쳐난다.

우리도 마지막까지 최선을 다해 멋있고 신나는 삶을 살아야 한다. 삶이 저무는 순간까지 자신감을 가지고 멋지게 일하며 살아야 한다.

자신감은 꿈을 이루어준다. 삶은 단 한 번뿐이다. 우리가 가지고 있는 자신감과 열정을 다 쏟아야 한다.

어려움에 처하면 자신감을 잃어버릴 때가 있다. 어려울 때일수록 자신감을 가져야 힘 있게 살아갈 수 있다. 자신감이란 자신이 가지고 있는 잠재력을 마음껏 발휘하는 능력을 말한다.

헨델은 독일 출신의 영국 작곡가다. 한때는 여왕의 총애를 받을 만큼 명성을 떨쳤던 그는 점점 인기가 떨어지더니 마침내 사람들로부터 외면을 당하기에 이르렀다. 그는 갑자기 건강을 잃게 되었고 반신불수가 되었다. 그는 병을 고치려고 부단히 애를 썼지만 오히려 빚을 많이 지게 되었다. 그리고 빚 때문에 감옥에까지 들어갔다. 헨델은 이러한 참혹한 절망 속에서도 자기 속에 있는 놀라운 힘을 발휘해서 위대한 오라토리오 '메시아'를 작곡해 재기하는 데 성공했다. 그는 고난을 통해서도 자신감을 가지고 명곡을 만들어 낸 것이다.

자신감이 넘치는 사람은 강하다. 강한 사람은 오래도록 유쾌한 인상으로 남지만, 약한 사람은 다시는 만나고 싶지 않은 인상으로 남는다. 강한 사람은 남들이 자기 자신에게 의지하고 기댈 수 있도록 허용해주지만, 약한 사람은 자기보다 강한 사람에게 의지하려 하고 자기보다 약한 사람을 억누른다. 강한 사람은 대세를 파악할 줄 알지만 약한 사람은 자기 본위로 생각한다. 강한 사람은 지금까지 해온 일에 대해 "더 나은 방법이 없을까" 생각하지만, 약한 사람은 "남들도 다 그러는데"라며 안이하게 행동한다.

강한 사람은 이성적으로 의사를 결정하고, 보통 사람은 상식적으로 의사를 결정하며. 약한 사람은 감정적으로 의사를 결정한다.

자신을 변화시키는 것은 자신감이다. 변화는 물론 쉽지 않다. 성공한 사람들은 모두 변화하고 도전한 사람들이다. 당신도 해낼 수 있다. 자신을 재주 단지로 여겨라.

크게 된 사람은 자신이 특출한 사람이 되기를 결심하고 변화한 사람이다. 인생을 졸작으로 만들지 마라. 걸작품으로 만들어라! 가지고 있는 것을 소중하게 여겨라. 우리에게 있는 자신감, 열정과 능력을 다 쏟아 부어야 한다.

한 성공한 기업가가 성공 요인에 대한 질문에 멋지게 대답했다.

"어떻게 성공했습니까?"

"잘된 결정 때문에!"

"어떻게 잘된 결정을 내렸습니까?"

"경험을 통해서!"

"경험은 어떻게 얻었습니까?"

"실패를 통해서!"

해야 할 일에 마음을 빼앗겨라. 의도적으로 시간을 쪼개어 쓴다고 해서 하루가 짧아지는 것은 결코 아니다. 영리한 사람은 자기가 하는 일에 지루함을 없애는 가장 효과적인 방법을 알고 있다. 그는 즐겁게 일하고 재미있게 연출한다.

성공하려면 용기와 분명한 목표를 가져야 한다. 성공하는 사람은 아이디어와 꿈과 확신을 가지고 이루어가는 사람이다.

Tip

자신감 갖기

- 자신감은 능력이 넘치는 삶을 살게 한다.
- 자신감은 숨어 있는 능력을 끄집어내고 무한한 능력을 만들어낸다.
- 자신감은 성공을 향해 도전하려는 의욕을 분수처럼 솟구치게 한다.
- 자신감은 주어진 일에 최선을 다하게 한다.
- 자신감은 성공을 만드는 첫 번째 비결이다.

05 유머 감각을 키워라

질병과 슬픔이 있는 이 세상에서 우리를 강하게 만드는 것은
웃음과 유머밖에 없다.
– 찰스 디킨스

성공한 사람들의 얼굴을 보면 웃음이 가득하다. 성공을 꿈꾸는 사람을 보면 웃음꽃이 피어나기 시작한다.

앨프레드 E. 스미스는 이렇게 말했다.

"상대방에게 정성을 다해라. 말투나 행동이나 몸가짐은 솔직한 것이 좋고, 남을 가르칠 뿐만 아니라 즐겁게 해주는 일도 필요하다. 만일 당신이 남을 웃길 수 있다면, 남을 생각하게도 할 수 있을 것이다. 그리고 당신을 좋아하게 만들어 당신의 말을 믿게 할 수가 있을 것이다."

웃음으로 자신의 얼굴을 세상에서 가장 행복한 얼굴로 만들 줄 아는 사람이라면 분명히 성공할 수 있는 능력을 가진 사람이다.

서양 속담에 "웃음은 마음의 조깅, 웃음은 내장 마사지"라는 말이 있다. 그만큼 웃음이 정신 건강뿐만 아니라 신체 건강에도 좋다는 말이다. "하루에 한 번 크게 웃으면 의사와 병을 멀리할 수 있다"라는 말이 있는 것을 보면 웃음이 얼마나 좋은 것인지를 알 수 있다.

사람들은 누구나 즐겁게 일하고 싶어한다. 그리고 즐겁게 일하는 사람과 같이 일하고 싶어한다. 왜냐하면 같이 즐거워지기 때문이다. 웃음은 전염성이 강하다. 남을 즐겁게 해주는 사람이 성공한다. 웃음은 마음을 안정시키고 한결 여유롭게 해준다.

노리쉬는 이렇게 말했다.

"나는 유머 없는 지도자를 만나본 적이 없다. 이 능력은 자기 자신과 주위 환경을 견고하게 하고 넓은 안목과 웃음으로 사물을 보게 한다."

우리의 삶 속에서 웃음이 없으면 모든 일이 꼬이고 엉키게 된다. 그러나 웃음이 있으면 일이 순조롭게 잘 풀려나간다.

웃음은 삶에서 윤활유 역할을 한다. 유머는 삶을 즐겁게 해주고

삶을 잘 흘러가게 만들어준다. 유머는 웃음이라는 땅에 아름답게 지어진 집이며 웃음으로 만드는 맛있는 요리다. 유머는 짧은 몇 마디의 말만으로도 사람의 기분을 180도 전환해준다.

유머는 남을 웃기기만 하는 재주가 아니다. 성공 분위기를 자연스럽게 내 편으로 이끌고 유도해나가는 순간적인 재치다.

삶을 즐겁게 사는 사람이 일하는 즐거움도 알기에 성공을 만든다. 웃음과 즐거움은 삶에 활력을 불어넣는다.

유머는 누구나 노력에 따라 얼마든지 향상시킬 수 있다. 유머는 남을 재미있게 만들고 흥미롭게 만들어준다.

미소만큼 멋진 표정은 없다. 미소를 지으면 자신감이 넘쳐 보이고 마음이 너그러워진다. 웃어야 할 때는 이유가 필요하지 않다. 행복하게 마음껏 웃으면 된다. 1시간짜리 코미디 프로가 지루하지 않은 것은 30초마다 사람들을 웃겨주기 때문이다.

성공하고 싶다면 웃음을 즐겨라. 삶을 즐겁게 살고 싶다면 웃어라. 이 세상에서 가장 아름다운 꽃은 행복한 얼굴에서 피어나는 웃음꽃이다. 성공을 부르는 웃음을 활짝 웃어라.

유머는 친밀감을 만들어주고 관심을 유발시킨다. 유머는 어려운 순간순간마다 긴장을 풀어주고 사람들 사이에 다리를 놓아준다. 유머란 농담이나 재치로 누군가를 즐겁게 해주고 웃음을 일으키는 기분 좋은 대화다.

현대사회는 참으로 메마르고 차갑다. 마음이 따뜻하고 유머가 있는 사람이 필요한 시대다. 유머의 바탕에는 따뜻한 감성이 녹아 있다. 세상이 냉정해질수록 유머는 더욱더 필요하다.

유머는 웃음과 행복을 만들어준다. 대화를 나눌 때 유머는 사람과 사람 사이의 벽을 없애주고 친밀감을 선사해준다. 유머는 불만을 해소하는 힘을 가지고 있다. 삶이 즐거운 사람의 얼굴에는 밝은 웃음이 있다. 웃음이 없는 삶은 불행한 삶이다.

데일 카네기는 이렇게 말했다.

"생긋이 웃는 비결과 그 효과를 생각해보자. 우선 세상 사람들에게 진정으로 성의를 가지고 대해야 한다. 이런 마음가짐이 없다면 아무리 생긋이 웃어도 부자연스럽게 보인다. 하지만 남들 앞에서 언제나 생긋이 웃도록 마음을 쓰는 것만으로도 훌륭한 도움이 된다. 미소는 상대방을 행복하게 해주며 그 행복은 부메랑처럼 자신에게로 다시 되돌아온다. 상대방의 기분이 좋아지면 자신도 기분이 좋아지고 얼마 후에는 저절로 웃는 얼굴이 된다. 또 생긋이 웃으면 불쾌한 기분이나 가라앉은 기분이 억제된다. 생긋이 웃는

것은 상대방을 좋아한다는 것을 간접적으로 전하는 것이므로 상
대방에게도 그 기분이 전해져 호감을 사게 된다. 생긋이 웃는 습관
을 가져보아라. 틀림없이 좋은 일이 생길 것이다."

사람들을 행복하고 즐겁게 만드는 기술을 갖게 된다면 우리는
기쁠 것이다. 유머를 사용하면 누구나 그런 힘을 나타낼 수 있다.
사람들의 마음을 사로잡을 수 있는 유머를 생각하고 표현해야 한
다. 사람들을 만날 때 미소로 시작해서 미소로 끝낼 수 있다면 참
으로 매력적인 사람이다. 그런 사람은 대인 관계 능력이 뛰어난 사
람이라고 할 수 있다.

사케리는 이렇게 말했다.

"멋진 유머란 사교 무대에서 입을 수 있는 의상보다 훨씬 더 멋
진 장식이다."

유머는 대화를 나눌 때 상대방에게 만족을 주는 최대의 효과를
가져다준다.

블루스 버튼은 이렇게 말했다.

"인간이란 무언가 재미있는 이야기에 일단 따라 웃으면 그 사이
가 돈독해진다."

유머가 풍부한 사람은 대인 관계에도 능숙하고 매사에 열정적

이고 적극적이다. 유머가 있는 사람은 포용력이 있어서 사람들과 친근하게 잘 지내고 건강한 정신력으로 살아가기에 어떤 고난과 역경도 잘 이겨낸다.

세상을 긍정적으로 보는 사람이 유머가 있다. 긍정적인 사람은 생각이 자유롭기 때문에 자유로운 발상을 잘한다. 유머가 있는 사람은 마음에 여유가 있다. 유머는 호기심에서 비롯되고 삶에 활력을 주고 유쾌하게 살아가게 만들며 무슨 일이든지 흥미를 가지고 재미있게 일하게 해준다.

새로운 발상을 할 수 있을 때 멋진 유머가 탄생한다. 자신감을 가지고 도전해보면 누구나 유머를 잘 구사할 수 있다. 유머는 사람들의 마음을 따뜻하게 만들어주고 행복을 가져다준다.

말콤 쿠슈너는 이렇게 말했다.

"유머 감각이 없는 사람은 미소 짓는 법이 없고, 농담에도 대꾸조차 않으며, 먼저 말을 걸지도 않는다. 게다가 언제나 진지한 표정이다. 누구라도 접촉을 피하고 싶은 사람이다."

우리가 다른 사람을 즐겁게 할 수 있는 재치 있는 말이나 유머를 구사할 줄 안다면 어떤 곳에서나 환영받을 수 있다. 유머가 있으면 명랑하고 감성이 충만하고 인간성이 좋은 사람이 될 것이다.

유머는 우리의 행동을 지배하는 무기가 될 수도 있을 만큼 강한 힘을 가지고 있다. 그러므로 사람을 매혹시키는 수단으로 유머만큼 유용한 것도 없다. 유머의 요령을 배우기 위해서는 평소부터 유머 자료에 대한 준비와 활용을 철저히 해야 한다. 재치 있게 유머를 사용하기 위해서는 유머를 갈고닦는 센스가 필요하다. 자신감이 있으면 마음에 여유가 생겨나고 자연히 유머도 넘쳐나고 다른 사람을 내 사람으로 끌어당길 수 있다.

명랑한 웃음은 인간에게 부여된 최고의 선물이다. 최고의 인물이 되려면 반드시 유머 감각을 가져야 한다. 표정을 바꾸면 마음도

Tip

유머의 좋은 점

- 긴장이 사라지고 따뜻한 마음을 주고받게 된다.
- 함께 웃으면 마음이 밝아져 기분이 좋아진다.
- 삶에 활력이 생긴다.
- 서로 공감할 수 있어 가까운 사이가 된다.
- 친근감이 생겨 본심을 말하기가 쉬워진다.
- 서로 신뢰하게 된다.

바뀐다. 웃음은 자연스런 표정이다. 웃음은 가장 쉽게 사람들의 마음을 열어준다.

쇼펜하우어는 "많은 웃는 자는 행복하고 많이 우는 자는 불행하다"라고 말했다. 자신감 있게 웃을 수 있다면 참 행복하다. 즐거운 마음으로 웃음을 띨 여유를 갖는다면 사람은 저절로 모여들 것이다. 웃음은 참 아름다운 언어다. 웃음은 세계 공통어이며 누구나 좋아한다. 언제나 쾌활하게 웃는 사람이 행복한 사람이다.

나를 웃기는 사람이 없을지라도 지난 재미있었던 일을 다시 생각하며 밝게 웃어본다면 한층 기분이 상쾌해질 것이다. 때로는 가벼운 익살로 분위기에 따라 여유를 부려도 된다. 부담 없는 유머가 좋다. 딱딱한 이야기나 지루한 이야기, 억지로 꾸며낸 이야기는 유머가 되지 못한다. 상대방과 같이 공감하고 즐거워할 수 있는 유머를 사용하는 것이 좋다.

어느 세일즈맨이 이렇게 말했다.

"상품을 팔 때 나는 항상 고객들이 미소를 짓거나 웃도록 만든 다음 상품을 소개한다. 내가 그렇게 하는 데에는 두 가지 이유가 있다. 하나는 웃음이 긴장을 풀어주어 고객들이 내가 하는 이야기를 쉽게 받아들이게 되기 때문이다. 그리고 다른 하나는 웃음을 통해 내가 따뜻하고 친근한 사람이라는 인상을 심어줄 수 있기 때문이다. 그래야 다음에 내가 다시 전화를 할 때 나하고 이야기를 나누고 싶은 마음이 생기는 것이다.”

유머와 웃음은 이렇듯 인간관계를 가깝게 만들어준다.

우리는 넓은 마음으로 유머를 잘 받아들이고 써야 한다. 부부 사이에도 유머가 필요하다. 요즘에는 결혼 상대자로도 유머 있는 사람이 1순위라는 것을 보면 유머가 삶에서 얼마나 중요한 위치를 차지하고 있는가를 알 수가 있다. 결혼은 평생 대화할 사람을 만나는 것이기 때문이다.

우리는 삶 속에서 사람들과 평생 대화를 나누며 살아간다. 웃음은 행복을 가져오는 원인이 된다. 행복한 자는 잘 웃고 불행한 자는 잘 운다. 유머는 삶의 의욕을 높이고 응집력을 높이며 창의성과 생산성을 길러준다. 그러므로 자신감을 가지고 유머를 잘 활용해야 한다. 말재간이 아니라 마음의 여유를 갖는 것이 중요하다. 자신감이 있을 때 멋진 유머로 상대방을 사로잡을 수 있게 된다. 성공하기 위해서는 웃음을 잃지 말고 늘 즐겁고 자신 있게 살아가야 한다.

아이들은 하루에 300번 이상 웃는 데 반해 어른들은 겨우 17번

정도 웃는다고 한다.

피터 도스코크는 그의 저서 『현대 심리학』에서 웃음은 건강을 유지하고 병에서 해방되는 데 효과가 있다고 했다.

웃음은 긴장을 풀어주고 창의적인 생각을 할 수 있도록 만들어준다. 웃음은 삶의 고단함을 풀어준다. 웃음은 스트레스를 없애고 소외감이 들지 않게 한다. 웃음은 고통을 잊게 해주고 엔도르핀이 나오게 한다. 웃음은 좋은 관계를 만드는 지름길이다. 웃음은 마음을 건강하게 하는 중요한 방법이다. 웃음은 자신감을 만들어준다.

웃음은 누구에게나 안락함을 주며 기쁨을 준다. 고민하는 사람들에게 위안을 준다. 마음에서 우러나오는 가장 자연스러운 몸짓이다. 웃음은 약한 마음에 희망을 안겨준다.

웃음으로 사람을 대하는 자에게는 군중을 이끄는 힘이 있다. 그는 인상을 쓰며 일하는 사람보다 더 많은 일을 해낸다.

유머는 우리의 삶을 부드럽고 유쾌하게 만든다. 유머는 인간관계를 돈독하게 하고 가정을 행복하게 만든다.

웃음은 놀랍고 신기한 정신 작용이다. 사람들은 누구나 우는 얼굴보다 웃는 얼굴을 더 매력적으로 본다. 유머는 비즈니스에서만 필요한 것이 아니다. 우리의 일상적 만남에서도 필요하다.

웃음이 있는 생활을 할 때 어두움이나 우울이 사라진다. 사람들은 유머가 있는 사람을 좋아하고 만나기를 원한다. 유머가 있는 사람은 재치가 있고 매력이 있다. 유머가 있는 사람은 다른 사람들을 행복하게 만들어준다. 모든 근심을 떨쳐버리고 활짝 웃어보자.

Tip

웰니스로 사는 방법(웰니스는 웰빙에 행복을 합친 개념)

- 신나게 웃어라.
- 좋아하는 음식을 먹어라.
- 매일 가벼운 운동을 해라.
- 일하면서 즐겨라.
- 생활 속에서 실천해라.

06 대인 관계를 잘 맺어라

대인 관계에서 절도가 지켜진다면 모든 사람이 선의와 존경심을 최대한으로 유지하게 된다. 이렇게 해서 당신은 가장 우수한 인재를 선택하는 능력과 자유를 보존하는 한편 건전한 판단력이 흔들리는 일도 없게 될 것이다.
– 벨타사르 그라시안

우리의 삶은 만남 속에 이루어진다. 세상에 태어나면서 부모를 만나고, 자라나면서 친구를 만나고, 성장하면서 사랑하는 사람을 만난다. 누구를 만나느냐에 따라 삶의 모습은 달라진다. 행복해질 수도 있고 불행해질 수도 있다.

페르시아 이야기 가운데 이런 이야기가 있다.

어떤 사람이 여행 중에 점토를 발견했다. 그런데 그 흙덩어리에서 아주 좋은 향기가 풍겼다. 이상하게 생각한 여행객이 물었다.

"아니 흙에서 어떻게 이런 좋은 향기가 날 수 있지요?"

흙덩이가 대답했다.

"내가 장미꽃과 함께 있었기 때문이지요."

다른 사람의 마음을 안다는 것은 결코 쉬운 일이 아니다. 그러나 대인 관계를 잘하는 사람은 상대방의 마음을 잘 파악해 움직일 줄 아는 힘이 있다. 대인 관계의 역량은 타인과 맺는 관계에서 시작된다. 타인은 인간관계를 맺기 위한 대상이며 성공에 크나큰 영향을 준다. 대인 관계를 잘하는 사람은 작은 일에도 솔직하게 감동을 잘하고 자신의 감동을 다른 사람에게 전해줄 수 있는 넓은 마음을 가진 사람이다. 고집을 세우지 않고 남의 능력을 잘 살려주고 마음에 여유가 있는 사람이다.

루스벨트는 이렇게 말했다.

"성공의 공식 중에 가장 중요한 것은 다른 사람과 잘 지내는 것이다."

우리는 수많은 사람과 관계를 맺으며 살아간다. 다양한 사람들과 다양한 인간관계를 맺음으로 기쁨, 슬픔, 분노, 즐거움이 뒤섞여 나타난다. 인간관계를 맺을 때 우리 모두는 진실하기를 원하며 우리의 삶을 아름답게 꾸며줄 좋은 인연을 맺고 싶어한다. 이러한 인간관계의 기본은 어떻게 사람을 사귀느냐에 따라서 달라진다.

조제프 월프는 이렇게 말했다.

"대인 관계 방식에는 세 가지가 있다. 첫 번째는 자신만을 생각하면서 남은 전혀 생각지 않고 함부로 구는 것이고, 두 번째는 남을 항상 자기 앞에 세우는 것이고, 가장 이상적인 세 번째는 각자 자신이 앞에 서되 항상 남을 배려하는 것이다."

사우스웨스트 항공사 사보에 성공한 기업가 중 한 사람이자 컴퓨터 업계의 거물인 마이클 델에 관한 기사가 실렸다. 그 기사에서 델은 자신과 직원들이 고객들과 돈독한 관계를 가지고 있는 것이 바로 회사의 성공 요인이며 그로 인해 자신의 회사는 앞으로도 계속 번창할 것이라고 말했다.

"고객이 원하는 것에 지속적으로 관심을 기울이고, 그들에게 의미가 있으며 월등한 가치를 전해주는 제품과 서비스를 제공하는 한 우리는 계속 번창할 것이다."

우리의 인간관계는 어떠한가? 우리는 배우자 혹은 친구, 직장 동료들과 좋은 인간관계를 유지하고 있는가? 그렇다면 우리는 다음과 같은 행동을 하지 않을 것이다. 칭찬하기보다는 비방하기, 남을 무시하기, 남에게 상처 주는 농담하기, 경청하지 않기, 잘못한 것을 인정하지 않기, 무례하게 행동하기, 남의 의견을 얕잡아 보기. 이런 유의 행동은 대인 관계를 깨뜨리고 과거의 상처를 치유하는 데 방해가 된다.

인간관계는 상대방을 존중하는 마음이 있을 때 바르게 이루어진다. 다른 사람을 존중한다는 것은 그가 흥미를 보이는 것에 관심을 가져주며 그들의 입장에 서서 그의 관점으로 인생을 바라보는 것이다. 또한 그에게 감사함을 나타내는 것이며, 그를 믿고 이해하고 함께하는 것이다.

사람은 인간관계 속에서 이루어진다. 사람들과의 관계가 잘 이루어지지 않으면 아무것도 할 수 없다. 우리의 삶은 누구를 어떻게 만나느냐에 따라 많은 부분이 좌우된다.

우리가 어떤 사람에게 친절하게 웃는다면 상대방도 웃음으로 화답할 것이다. 하지만 우리가 어떤 사람에게 성내고 짜증을 낸다면 상대방도 짜증을 내며 이에 대응할 것이다. 이것은 바로 회귀성 때문이다. 만약 누군가에게 선행을 베풀었다면 그 선행은 반드시 어떠한 형태로든 되돌아오며, 악행을 저질렀다면 그 화가 다시 나에게 미친다.

감정도 마찬가지다. 상대에게 좋은 감정을 가지고 호의를 보인다면 상대 역시 호의를 보일 것이고, 이유 없이 싫어한다면 호의를 기대하기란 어렵다.

인간관계를 잘하는 것은 정서 표현을 잘하는 것이다. 정서를 잘 표현하는 것은 타인과의 관계에서 상대방의 권리를 침해하거나 상대방을 불쾌하게 하지 않는 것이다. 다른 사람과 바른 인간관계를 맺어가면서 자신의 욕구나 생각 등을 나타내는 것이다. 정서 표현을 제대로 할 줄 아는 사람은 바로 인간관계의 기술이 뛰어난 사람이다.

성공적인 대인 관계

- ⊙ 상대의 편에 서서 상대방의 말을 들어주어야 한다.
- ⊙ 상대방의 견해와 감정을 인정해야 한다.
- ⊙ 잘못이 있으면 정중하게 사과해야 한다.
- ⊙ 긍정적인 표현을 해야 한다.
- ⊙ 상대방의 권위와 능력을 인정해야 한다.
- ⊙ 협력 관계를 수립해야 한다.
- ⊙ 의견의 차이점을 낙관적으로 받아들여야 한다.
- ⊙ 우호적인 분위기를 만들어야 한다.

일본인들이 하는 사업마다 전 세계의 눈길을 한 곳으로 모을 정도로 성공하는 비결은 과연 무엇이겠는가? 기술도 중요하지만 80%가 대인 관계에 있다. 신용을 지키는 일과 인사성이 밝은 것이 주를 차지하고 20%는 자기가 전공한 부분을 사용하는 것이다.

빌닉스는 이렇게 말했다.

"다른 사람들이 당신과의 약속을 지키지 않을지라도 당신은 약속을 반드시 지켜라. 그것이 당신을 성공으로 이끌 것이다."

때때로 어렵고 난감한 일을 만나더라도 가능하면 부담을 주거나 기분을 나쁘게 하기보다는 잘 풀어가야 한다. 불평을 하거나 난처하게 만들어서 부담스럽게 한다면 불안과 함께 스트레스를 만들게 된다. 어떠한 경우라도 부정적인 생각이나 느낌을 먼저 말하는 것보다 칭찬과 배려를 할 때 즐거운 마음으로 일할 수 있고 더 좋은 결과를 만들어낼 수 있다.

항상 잡념을 없애고 편안한 마음으로 대하는 훈련을 할 때 인간 관계는 더 좋은 방향으로 이동하게 된다.

마음의 그릇이 큰 사람이 크게 성공할 수 있다. 상대방의 마음을 읽어주고 받아줄 수 있는 넉넉한 마음을 가지면 대인 관계의 달인이 될 수 있을 것이다.

인간관계의 비결은 사람들과 잘 어울리는 것이다. 이름을 잘 기억해주고 상대방이 중요한 사람이라는 것을 인식시켜주는 것이다. 인간관계를 잘하기 위해서는 늘 부단한 노력이 필요하다. 이것은 하루아침에 이루어지는 것이 아니다.

우리의 행동이나 생각이 때때로 상대방에게 잘못 전달될 때가 있다. 상대방에게 올바르게 전하기 위해서는 늘 마음가짐을 제대로 하고 확인할 필요가 있다. 어려운 문제에 부딪혔을 때나 아무리 생각해도 해결책이 떠오르지 않을 때는 잠시 휴식을 가져보아라. 멋지게 해결할 수 있는 길이 열릴 수도 있다. 대인 관계에서는 언제나 넓은 마음, 크고 깊은 생각을 가져야 한다.

우리가 날마다 승리를 거두기 위해서는 목표를 가지고 언제나 큰 경기에서 이기기 위해서 싸우고 있는 것처럼 나날을 보내야 한다. 모든 에너지를 우리의 목표를 향해, 이상을 향해 쏟아 넣어야 한다.

대인 관계를 잘하는 비결은 바로 유머에 있다. 생활 속의 유머는 당신의 얼굴을 웃는 얼굴로 만들어준다. 환한 얼굴로 밝게 웃으며 일하는 사람을 싫어할 사람은 아무도 없다. 선한 웃음을 짓는 사람을 보고 있으면 같이 행복해진다.

웃음은 "당신은 나와 마음이 같아요. 우리는 같이 잘할 수 있어요!"라는 공감대를 형성시켜준다.

유머는 인생을 즐겁게 만드는 활력소다. 유머는 일상적인 삶을 살아가는 주변 사람들에게 신선함과 기쁨을 준다.

언젠가 강연을 마치고 내려오는데 한 젊은이가 말했다.

"대머리에 머리핀을 꽂는 것보다 어려운 일이 무엇인지 아세요?"

갑자기 받은 질문이라 당황스러워서 그것이 무엇이냐고 되물었더니 그는 이렇게 말했다.

"그건 바로 인간관계예요! 대머리에 머리핀은 본드로 붙이면 되지만 인간관계는 사람을 알아갈수록 어려워지거든요!"

말이야 바른 말로, 인간관계란 참 어렵다. 그러나 유머는 그 어려운 인간관계를 좀 더 쉽게 만들어준다. 유머가 주는 웃음은 우리에게 편안한 마음을 만들어주고 세상을 따뜻한 마음으로 살아가게 해준다.

혼리스는 이렇게 말했다.

"세상이 차갑게 느껴지는 사람은 잘 웃지 않는다."

웃음도 없이 냉정하고 차갑게 대한다면 자신의 주변에는 점점 사람들이 떠나게 될 것이다.

유머와 웃음은 타인과의 공감대를 형성시켜준다. 항상 명랑하고 건강한 마음으로 살아가는 사람에게는 어려움이 사라진다. 운이 없다고 신세타령이나 하며 울상을 짓는 사람에게는 어려움만 가득하다.

겨울날 길거리에 두 명의 군고구마 장수가 있다면 사람들은 즐겁게 웃으며 고구마를 굽는 장수에게 모여든다. 따끈따끈한 군고구마를 사 먹어서 좋고 군고구마 장수의 웃는 모습에 같이 기분이 좋아지기 때문이다.

대인 관계를 잘하는 사람에게는 유머와 자신감과 넘치는 열정이 있다. 유머가 없다고 고민할 필요는 없다. 웃는 얼굴로 생활하는 습관을 들이면 유머 감각은 자연스럽게 생긴다. 풍부한 유머는 대인 관계의 활력소요, 청량제다.

최고의 인물이 되려면 유머와 센스를 지녀야 한다. 우리가 만나는 모든 것으로부터 아름다움과 행복을 끄집어내는 즐거운 습관을 가져야 한다.

웃음은 자신에게만 좋은 것이 아니라 주변 사람들도 행복하게 만든다. 유머가 있으면 기분이 전환되고 생기가 넘쳐 사이가 좋아

진다. 여유가 있는 사람이 인간관계에 능숙하며, 여유가 있는 사
람에게 웃음이 있다.

Tip

좋은 인간관계란 무엇인가?

- 확신과 믿음을 가지고 서로를 신뢰하는 것.

- 상대방에게 마음을 활짝 여는 것.

- 서로의 개성을 이해해주는 것.

- 상대방을 격려하고 용기를 북돋아주는 것.

- 상대방을 조건 없이 받아주는 것.

- 상대방을 독립적 존재로 인정해주는 것.

07 절망에서 벗어나라

절망은 없다. 절망은 도리어 희망을 만들어내는 도구다. 절망이 두려워 아무것도 시도하지 않으면 정말 절망하는 일이 다가올 수도 있다.

시련과 역경을 이겨내는 사람만이 살아남는다. 성공한 사람들은 누구나 한결같이 절망스러웠던 순간이 한두 번이 아니었다고 말한다. 노력이 성공을 만든다는 말은 많이 들어봤을 것이다. 중요한 것은 그 말을 행동으로 옮기는 것이다. 절망에서 벗어나 성공할 때 얼굴에는 만족스러운 웃음꽃이 피어날 것이다. 그때까지 때로는 피눈물도 흘리고 땀도 흘려야 한다.

프랭크 반더 마틴은 열여덟 살 때 미국 아이오와 주 수 카운티에서 가장 우수한 바이올린 연주자였다. 마틴은 어느 날 부친이 경영하던 대장간에서 불의의 사고를 당해 바이올린 현을 다루던 왼쪽 손가락 네 개를 다치고 말았다. 그의 왼손에 남아 있는 것은 엄지 손가락뿐이었다.

그러나 그는 이 지독한 고통에도 굴복하지 않고 남아 있는 왼손 엄지로 활을 잡고 피나는 연습을 계속해 수 카운티 악단에서 가장 뛰어난 제1바이올린 연주자가 되었다. 마틴은 절망을 희망으로 바꾼 것이다.

성공하는 사람들에겐 공통된 특징이 있다. 그들은 삶의 그릇이 크다. 모든 일에 사고방식과 표현이 밝으며 매사에 적극적이다. 끊임없이 더 나은 방법을 생각하고 실천에 옮긴다. 그러나 무엇보다 성공한 사람들의 가장 큰 특징은 강한 확신이다. 그들은 "틀림없이 잘될 거야", "나는 할 수 있어"라고 생각하는 강한 확신을 가지고 있다.

절망하지 마라. 종종 열쇠 꾸러미의 마지막 열쇠가 자물통을 연다. 성공한 사람들의 지난 시간엔 그들의 피와 땀과 눈물이 있다.

그래서 그들이 이루어놓은 성공은 참으로 값지고 보배로운 것이다.

장님이자 벙어리이자 귀머거리이지만 전 세계에 감동을 준 헬렌 켈러는 이렇게 말했다.

"내일이면 장님이 될 것처럼 당신의 눈을 사용해라. 어떤 때라도 용기를 잃어서는 안 된다. 두려워하지 말고 희망을 가져라. 어떤 핸디캡을 가지고 있더라도 인생에는 언제나 가능성이 남아 있다. 인내심을 가지고 결코 포기하지 않겠다는 집념과 용기를 가져라. 자기 자신의 힘을 믿어야 한다. 실패는 부끄러워할 일이 아니다. 개성이라는 보물을 꺼내기 위해서 필요한 것이다."

절망이라는 과정이 있기에 희망이 더 아름다운 것이다.

성공하는 사람들은 자신이 원하는 것을 분명하게 알고 있다. 해야 할 일을 정해놓고 초점을 맞춰 행동해나가며 풍성한 열매를 맺는다. 성공했을 때의 멋진 모습을 그려보며 용기와 힘을 얻는다.

필립스 브룩스는 이렇게 말했다.

"편안하게 살게 해달라고 기도하지 마라. 강한 사람이 되게 해달라고 기도해라. 네 일을 해낼 수 있는 힘을 달라고 기도해라."

그림을 잘 그리기로 유명한 화가에게 어떤 사내가 질문했다.

"당신의 가장 훌륭한 작품은 어떤 것입니까?"

화가는 "다음 작품입니다"라고 말했다.

오늘에 만족하지 않고 내일을 기대하며 살아가는 것이 절망에서 벗어나 성공하는 방법이다. 지금 이 순간에 만족하고 안이하게 살아가는 사람은 큰 성공을 만들 수 없다.

절망에서 벗어나려면 활기차게 살아야 한다. 삶에 사명감을 가지고 살아가야 한다. 길이 없으면 만들어야 한다. 굳건한 의지력으로 성공을 만들어가야 한다. 혼자의 힘으로 걸어가는 진취적인 정신을 발휘해야 한다. 왕성한 활력과 불굴의 의지로 충만해야 한다. 우리가 원하는 분야에서 성공한다는 확신을 가지고 도전한다면 모든 노력은 그만큼의 풍성한 열매로 다가올 것이다.

제시 오언스라는 소년이 있었다. 어느 날 찰리 패독이라는 유명한 육상 선수가 학교를 방문해서 강연을 했다. 그는 강연 도중에 제시 오언스를 향해 "너는 어떤 사람이 되고 싶니?"라는 질문을 던졌다.

이 말을 들은 어린 제시는 패독을 바라보면서 "아저씨와 같은 유명한 육상 선수가 되고 싶어요!"라고 대답했다. 그러자 패독은 제시에게 이런 말을 해주었다.

"꿈을 가지는 것만으로는 그것을 이룰 수가 없단다. 꿈을 이루기 위해서는 반드시 사다리를 놓아야 해. 첫 번째 계단은 인내이고, 두 번째 계단은 헌신이고, 세 번째 계단은 훈련이고, 네 번째 계단은 기도란다. 이것들을 모두 지킬 때 네 꿈은 이루어질 거야."

이 말을 들은 제시 오언스는 결코 포기하지 않았다. 더욱 피나는 노력으로 올림픽에서 네 개의 금메달을 목에 건 '살아 있는 가장 빠른 사람'이 되었다.

우리도 꿈을 이루기 위해 열심히 노력한다면 성공은 현실이 되어 우리의 눈앞에 펼쳐질 것이다.

폴 와일리는 캘거리에서 열린 1988년 동계 올림픽 피겨스케이팅 종목에 출전했다. 2만여 관중과 수백만의 시청자 앞에서 그는 긴장했다. 그런데 그가 첫 번째 점프를 시도하려는 순간 무언가가 잘못되었다.

와일리는 나중에 그날을 회상하면서 이렇게 말했다.

"눈 깜짝할 사이에 내 손이 빙판에 닿았습니다. 스케이트는 똑바로 서지 못했고 나는 미끄러지기 시작했습니다. 넘어졌다는 사

실을 깨달은 순간이었습니다. 얼음 바닥에 넘어질 때 내 귀에 들리는 것은 수백만 명의 동정 어린 신음 소리였습니다."

와일리는 '돌이킬 수 없는 실수를 했는데 그냥 여기서 경기를 포기해야 하는가?' 아니면 '비록 실수는 했지만 나를 응원해주는 수많은 사람을 위해서라도 다시 일어서서 최선을 다하는 모습을 보여줘야 하는가?' 하는 두 갈래 길에 서게 되었다. 그는 일어나 스케이팅을 계속했다. 순서가 끝나자 관중은 그의 용기와 결심에 열광적인 박수를 보냈다.

무슨 일을 하더라도 도중에 포기해서는 안 된다. 인간의 능력에

절망에서 벗어나는 방법

- 늘 자신이 잘한 일을 생각한다.
- 의지와 힘을 주는 성공한 사람들의 자서전을 읽는다.
- 매사에 감사하며 생활한다.
- 주위에 훌륭한 지지 기반을 구축한다.
- 단기간에 목적을 달성하는 데 주력한다.

는 한계가 있기보다는 무한한 가능성이 있다는 것을 믿고 스스로 노력해나갈 때 성공은 눈앞의 현실로 다가온다.

　오늘부터 소극적인 사고에서 적극적인 사고로 전환하도록 노력해라. 적극적인 사고방식을 가지고 성공을 향해 힘차게 나아가라.

08 리더십을 발휘해라

리더십이란 무엇인가? 다른 사람들이 스스로 어떤 일을 할 수 있도록 이끄는 능력이다. 다른 사람의 행동과 생각에 영향력을 나타내는 것이다. 원하는 목표와 목적을 달성하기 위해 개인이나 집단을 움직일 수 있는 힘이다.

성공하려면 리더십을 가져야 한다. 훌륭한 리더는 확고한 리더십을 가지고 있다. 자신감이 있는 사람이 리더가 될 수 있다.

리더십은 설득하거나 모범을 보이는 행동을 통해 사람들로 하여금 행위를 유발하는 기술이다. 리더십은 조직에 동기를 부여하고 전체의 움직임을 조정해 그 조직이 지향하는 목표를 달성하게 하는 핵심적인 힘의 원천이다. 리더는 기본 생활부터 달라야 한다.

테드는 리더가 갖추어야 할 특성에 대해서 이렇게 말했다.

"리더가 갖추어야 할 특성은 육체 및 정신적 에너지, 목적 의식과 지시 능력, 정열, 친근감과 호의, 품성, 기술적 우월성, 신념 등이다."

Tip

리더의 기본 생활

- 예의 바르게 행동한다.
- 상대방과의 약속 시간을 잘 지킨다.
- 먼저 인사한다.
- 독서하는 습관을 갖는다.
- 삶의 기본을 소중하게 여긴다.
- 성실하고 정직하게 산다.
- 자신의 희망을 분명하게 표현한다.
- 남을 칭찬한다.
- 위기를 기회로 바꾼다.
- 밝게 생각하고 행동한다.

리더십이란 타인에게 영향력을 발휘하는 것이다. 다른 사람들이 자신의 능력을 최대한 발휘할 수 있도록 이끌어내는 것이다. 그들이 목표와 계획을 달성하도록 만드는 능력이다.

리더십을 가지려면 먼저 상대방의 마음을 사로잡아야 한다. 자신이 하고자 하는 일에 동참하게 만드는 것이다. 리더십이 있어야 조직을 이끌 수 있고 성공을 할 수 있다. 리더는 비전을 제시할 수 있어야 한다. 비전을 잘 전달해주고 실행하게 만들어주어야 한다.

리더가 없다면 회사와 단체는 운영되지 않는다. 사람들은 강한 리더십을 발휘해 자신들을 이끌어줄 리더를 바란다. 리더는 자신이 하는 일에 풍부한 지식과 경험을 쌓은 자라야 한다.

우리는 변화하는 시대에 맞게 미래를 예견할 수 있는 힘과 지혜를 갖춰야 한다. 참된 리더는 성공을 공동의 작품으로 만들어내는 멋진 매력이 있다. 함께한 사람들에게 동기를 부여하고 성취감을 맛보게 한다.

대니얼 골먼은 이렇게 말했다.

"감성과 이성은 우리가 날기 위해 필요한 양 날개와 같다. 한쪽 날개만으로는 날 수 없다. 위대한 리더는 자신과 다른 사람들의 감정의 주파수를 맞출 수 있는 사람이다."

훌륭한 리더가 되려면 감성이 살아 있어야 하고 감성을 잘 다룰 수 있어야 한다. 자기를 잘 관리하고 사회적 인식을 잘 파악하며 관계와 관리에 탁월한 능력이 있어야 한다.

성공을 향해 나가면서 중요한 것은 인내하며 섬길 줄 알아야 한다는 것이다. 자신이 부족하다면 스스로 인정하고 그것을 극복하기 위해 노력할 때 성장할 수 있다. 그러나 오만하게 자신이 부족하면서도 남을 이끌 수 있다고 허풍을 떨면 실패하고 만다. 왜냐하면 시간이 흐르면 모든 것은 있는 모습 그대로 드러나게 되어 있기 때문이다.

리더는 선행자가 되어야 한다. 성공을 위해 먼저 움직여야 한다. 또한 리더는 자신이 하는 일에 관련된 책을 끊임없이 읽고 공부해야 한다.

자동차 공장이 많이 몰려 있는 디트로이트의 어느 겨울날, 시외에 살고 있는 유명한 정비사가 아침에 출근하는 도중 자동차가 고장이 났다. 그는 차를 길가에 세워놓고 고장의 원인을 찾기 위해 열심히 차를 들여다보았다. 그런데 원인을 알 수가 없었다. 날씨는 점점 추워지고 난감한 상황이었다.

이때 지나가던 세단 하나가 멈춰 서더니 노신사 한 사람이 차에서 내려 "도와드릴까요?"라고 말했다. 정비사는 속으로 '디트로이트에서 가장 유명한 정비사인 내가 못 고치는 차를 자기가 고치겠다니!'라고 생각하면서 노신사에게 차를 맡겼다.

노신사는 몇 군데 부품을 살피고 만지더니 정비사에게 시동을 걸어보라고 했다. 정비사는 그리 큰 기대를 하지 않았다. 그런데 이게 웬일인가? 뜻밖에 시동이 쉽게 걸리는 것이다.

정비사는 노신사의 정체가 궁금해졌다. 노신사는 명함을 한 장 주고 웃으며 떠났다. 그 명함에 적혀 있는 이름은 바로 헨리 포드였다.

헨리 포드의 자신감 넘치는 삶이 얼마나 멋진가? 삶의 연륜만큼이나 자신의 일에 확실한 삶을 살아간다는 것은 주변 사람까지 행복하게 만들어주는 것이다.

헨리 포드는 이렇게 말했다.

"배움을 멈춘 사람은 20세든 80세든 누구나 늙는다. 그러나 배움을 지속하는 사람은 누구나 젊음을 유지한다. 삶에 있어서 가장 위대한 일은 자신의 마음을 젊게 유지하는 것이다."

리더는 교만해서는 안 된다. 교만은 모든 것을 병들게 하고 무너뜨린다. 리더십은 진실한 마음에서 시작한다. 교만한 사람은 언제나 자신이 남보다 낫다는 것을 보여주려 하고 모든 일을 자기 멋대로 하고 싶어한다. 그런 사람은 자신감이 있는 것이 아니라 지나치게 자만심이 강해서 자신의 약점도 인정하지 않고 남의 강점도 인정하지 않는다. 교만한 사람은 여유 있고 자신감이 넘치는 사람을 적으로 생각한다. 이런 사람은 스스로 자신을 무너뜨리는 어리석은 사람이다.

리더는 늘 앞장서서 나가야 한다. 리더란 뒤에서 밀어주는 게 아니라 앞에서 끌어당기는 사람이다. 리더가 뒤에 처지면 실패를 피할 수 없게 된다.

리더는 항상 정직함으로 신뢰를 주어야 한다. 성실하게 행동하면 사람들은 리더를 잘 따른다. 리더가 되기를 원한다면 언제나 변함없는 성실한 자세가 필요하다.

훌륭한 리더는 어떤 상황에서도 리더십을 발휘해 따르게 만든다. 유능한 리더는 타고나는 게 아니라 만들어지는 것이다. 리더에게 용기가 없다면 성공도 없을 것이다. 리더라면 용기를 가지고 행동해야 한다.

나폴레온 힐은 이렇게 말했다.

"성공의 가장 무서운 적은 우유부단, 의심, 두려움이다. 의심과 두려움에 사로잡혀 있으면 우유부단할 수밖에 없다. 우유부단은 두려움의 싹이 터서 자라난 것이다. 이때 우유부단은 의심으로 구체화되고 그 둘이 합쳐서 두려움을 만드는 악순환이 계속된다. 이 적들은 천천히 발아해 우리가 방심하는 사이에 자라나기 때문에 특히 더 위험하다."

리더는 우유부단해서는 안 된다. 결단력이 있어야 훌륭한 리더

Tip

리더십 법칙 –윌리엄 코언

- ⊙ 정직하게 행동해라.
- ⊙ 자기의 할 일을 정확하게 파악해라.
- ⊙ 희망과 목표를 분명히 밝혀라.
- ⊙ 누구보다 열심히 일하는 모습을 보여라.
- ⊙ 긍정적인 결과를 기대해라.
- ⊙ 조직원들을 칭찬해라.
- ⊙ 나보다 임무를 우선시해라.
- ⊙ 모든 일에 앞장서라.

십을 발휘할 수 있다. 리더가 되려면 다재다능한 것도 좋지만 그렇지 못하다면 능력 있는 사람과 함께 협조해나가야 한다. 리더로서 어려움이나 실패는 자신이 책임을 지고 성공과 보상은 함께 나눌 수 있어야 한다. 그래야만 인정받는 리더가 될 수 있다.

리더는 정직하게 살아야 한다. 정직과 진실은 절대로 없어지거나 사라지지 않는다. 우리는 성공을 이루어감으로 남이 본받고 싶은 리더가 되어야 한다.

자신의 능력을 최고로 만들려면 열정을 가지고 일해야 한다. 가장 어렵고 힘든 일을 잘해내야 한다. 인내심을 가지고 잘 견디며

Tip

참된 리더의 특성 _스티븐 코비

- 끊임없이 배운다.
- 다른 사람들을 위한 서비스 정신이 투철하다.
- 긍정적인 에너지를 나타내고 다른 사람을 신뢰한다.
- 솔직하고 균형 잡힌 삶을 살아간다.
- 인생을 모험으로 즐긴다.
- 시너지 효과를 얻고 자기 쇄신을 위해 노력한다.

필요할 때는 속도감을 가져야 한다. 언제나 친절하며 모든 일을 철저히 해야 한다. 항상 창조적이며 일한 결과가 좋아야 한다.

리더는 뛰어난 자질과 능력을 가져야 한다. 훌륭한 리더십을 가진 리더는 신뢰와 존경심을 불러일으킨다.

09 상대방을 잘 설득해라

게리 스펜스는 이렇게 말했다.

"설득이란 일종의 교류로써 쌍방이 함께했을 때 그 어떤 것보다 만족스럽고 가치 있는 행위가 될 수 있다."

설득은 자신의 요구를 관철하는 일이고 자신의 제안을 받아들이도록 하는 일이며 협력을 얻어내는 일이다.

현대사회는 모든 것이 설득 속에서 이루어진다. 인간관계도 상품 판매도 세일즈도 사업도 설득하지 못하면 실패한다. 현실의 삶은 설득하느냐, 설득당하느냐로 갈라진다. 지금 이 순간에도 세계

도처에서는 설득하고 설득당하는 일이 수없이 일어나고 있다. 성공하려면 자신 있게 설득해야 한다.

설득이란 무엇인가? 사람의 마음을 움직이는 것이다. 자신이 원하는 것, 곧 자신의 요구를 상대방이 잘 들어주도록 만드는 것이다. 설득을 잘하기 위해 어떻게 대화를 나눌 것인가? 설득을 잘하기 위한 화술의 원칙과 방법이 있어야 한다. 상대방에게 자신이 무엇을 원하는지 분명하게 말해야 한다.

설득은 상대방의 마음을 아는 데서 시작한다. 자신감이 있으면 상대방을 잘 설득할 수 있다. 상대방의 마음을 잘 꿰뚫어 보는 것은 능력이다. 상대방이 설득당하지 않을 것 같아 지레 포기하는 사람이 있다. 그러나 실제로 해보지 않으면 잘될지 안 될지 알 수가 없다. 물론 이 세상에 쉬운 일은 없다. 하지만 해보지도 않고 두려워하는 사람처럼 어리석은 사람도 없다.

설득은 사람을 상대로 하는 것이다. 사람들은 누구나 감정을 가지고 있다. 이 감정을 기분 좋게 건드려준 뒤 이해하고 납득하도록 만들어주면 마음이 움직이기 시작한다. 사람과 사람 사이의 일인 만큼 좋은 느낌을 심어주어야 한다.

설득을 잘하려면 설득을 특별한 일이라고 생각하지 말고 자연스럽게 대화를 풀어가야 한다. 그러면 뜻밖에 일이 잘 이루어질 때가 많다. 상대방에게 지금 설득하고 있다는 인상을 주면 상대방은 마음의 문을 열려고 하지 않는다.

잘 알려진 일화 중에 알렉산더에 관한 일화가 있다.

알렉산더대왕이 거느리고 있던 군대의 병사들 가운데서 알렉산더대왕과 똑같은 이름을 가진 졸병이 있었다. 그런데 그 졸병은 아주 문제가 많은 병사였다. 그러니까 알렉산더라는 이름을 욕할 때마다 그것은 자연히 같은 이름을 가진 알렉산더대왕에 대한 모독이 될 수밖에 없었다.

어느 날 이 졸병의 잘못된 행실이 왕의 이름을 부끄럽게 하고 있다는 소문이 알렉산더대왕의 귀에 들어갔다. 야심한 밤에 알렉산더대왕은 다른 사람에게는 알리지 않고 졸병의 막사를 찾았다. 그날도 술에 취해 있던 졸병 알렉산더는 엉겁결에 일어나면서 대왕에게 경례를 했다.

"네 이름이 알렉산더라지?"

"네, 그렇습니다!"

"나와 똑같은 이름을 가진 너의 잘못된 행실 때문에 내 이름이

더렵혀지고 있다는 소문을 들었다. 명령이다. 네 이름을 바꾸어라. 만약 이름을 바꾸기 싫거든 당장 네 행실을 바꾸어라."

설득을 잘하려면 인간관계를 잘 형성해야 한다. 상대방의 마음을 사로잡고 이해를 통해 좋은 관계를 유지해야 한다. 잘 납득시켜 행동을 이끌어내면 된다. 처음 대화를 나눌 때는 상대방에게 경계심을 갖기 마련이다. 사람의 마음은 불안하면 움직이지 않는다. 그러나 웃음을 잃지 않으면 대부분 그 사람에게 호감을 갖게 된다. 웃는 얼굴은 상대방에게 안도감을 준다.

Tip

설득을 잘하려면……

- 설득하는 사람의 행실이 믿을 만한 것이어야 한다.
- 정확하고 충분한 정보를 제공해야 한다.
- 다른 사람의 입장에서 생각해야 한다.
- 구체적이고 명확한 용어를 사용해야 한다.
- 충분히 생각하고 결정할 수 있도록 여유를 주어야 한다.

콘래드 힐튼이 호텔을 지을 때의 일이다. 호텔이 절반쯤 지어졌을 때 이상한 소문이 돌아 한 투자자가 투자를 하지 못하겠다고 나섰다. 그 투자자가 자금을 거두어들인다면 호텔을 지을 수가 없었다. 이렇게 되면 다른 사람들도 투자를 중단해버릴 것이었기 때문이다. 힐튼은 생각한 끝에 은행에서 많은 수표와 현금을 찾아놓고 그 투자자가 찾아오자 물었다.

"현금으로 받으시겠습니까, 아니면 수표로 받으시겠습니까?"

그러고는 서랍을 열어 그 안에 가득한 현금과 수표를 보여주었다. 그 투자자는 수표를 요구했다. 그때 힐튼이 이렇게 말했다.

"만일 당신이 돌아갈 때도 투자를 철회하겠다는 마음이시면 이 수표를 드리겠습니다."

그리고 힐튼은 그에게 투자 후에 어떤 이익을 볼 수 있는지 자세히 설명해주었다. 힐튼의 자신 있는 행동에 마음이 움직인 투자자는 투자를 철회하지 않았다.

사람들은 불안을 주는 사람에게는 다가서지 않는다. 그러므로 친근감을 갖도록 만들어야 한다. 먼저 말을 걸고 웃는 얼굴로 대해야 한다. 대화를 나눌 때 혼자서 일방적으로 말하면 상대방을 설득할 수 없다. 말하는 것과 듣는 것을 잘 조화시켜야 한다.

말만 잘하는 사람은 상대방의 마음을 알지 못하고 혼자 떠들어 대기에 설득을 잘할 수 없다. 일방적으로 혼자 말하면 상대방은 반발을 하게 되고 의욕을 상실해 마음을 닫게 된다.

상대방의 말을 잘 들어주고 나서 자신의 마음을 진실하게 말하면 상대방의 마음을 움직일 수 있다. 최선을 다하고 성의를 다하고 있다는 것을 상대방이 알게 되는 것이다.

대화 속에서 설득을 잘하려면 상대방에게 자신이 말하는 것을 해야 하는 이유를 잘 설명해야 한다. 상대방이 눈앞에 그릴 수 있도록 실감나게 말하는 것도 중요하다. 핵심을 잘 짚어 한마디로 깨닫게 하는 것도 설득의 기술이다. 알고 싶은 것을 이해시켜주고 어떻게 하면 좋은 방법인지 알려주는 것도 중요하다.

설득을 잘하면 주변 사람들에게 인정받고 사람의 마음을 읽어주므로 인간관계가 좋아지고 마음이 넓어진다. 설득할 때 자신의 능력만 믿고 잘난 척하며 상대방을 깔보는 사람은 누구나 싫어한다. 아무리 능력이 있어도 사람들에게 미움을 받으면 어떤 일도 할 수 없다. 그러면 설득도 거절당한다.

설득을 잘하려면 상대방을 진심으로 대하고 사랑하는 마음을

가져야 한다. 자신의 호의가 상대방에게 전달되어야 상대방도 호의를 갖게 된다. 남을 좋아하기는 그리 쉽지가 않다. 사람에게는 누구나 단점이 있다. 상대방을 잘 설득하려면 상대방의 모든 것을 좋게 받아들여야 한다.

사람과 사람이 서로 얽혀 사는 이 세상에서 가장 중요한 것은 사람들에게 좋은 인상을 심어주는 것이다. 설득이 잘 안 될 때는 순간적인 대응을 잘해야 한다. 준비도 중요하지만 상대방의 마음을 파고드는 것이 더 중요하다. 상대방 앞에서 긴장하지 말아야 한다. 상황을 잘 파악하고 긍정적으로 받아들이도록 유도를 해야 한다.

설득을 잘하려면 설득당할 사람이 처한 형편을 알아야 한다. 설득당할 사람이 무엇을 소중하게 여기는지 기호와 관심사를 알아야 한다.

우리의 삶에는 아직도 이해하기 어려운 문제가 너무나 많다. 이러한 문제들 때문에 설득하기 어렵다는 생각은 모두 던져버려야 한다. 편안한 마음으로 하나씩 해결해나가면 이 세상에 설득하지 못할 일은 없다.

자신 있게 남을 설득해라. 설득을 잘하면 무슨 일이든지 잘할 수

있을 것 같은 용기가 생긴다. 삶에 자신감이 생겨난다. 설득을 잘
하면 능력 있는 삶을 살 수 있다.

설득의 자세

- 상대방 마음을 읽어야 한다.

- 상대방의 말을 먼저 들어야 한다.

- 상대방이 자신의 요구를 들어주게 해야 한다.

- 상대방의 눈에 생생하게 보이도록 현실감을 주어야 한다.

- 상대방에게 구체적인 방법을 제시해 동의를 얻어내야 한다.

10 실패를 이겨내라

나는 실험에 실패할 때마다 성공을 향해
한 발짝 한 발짝 다가가고 있다고 생각했다.
－토머스 에디슨

성공하려면 수많은 실패를 딛고 일어서야 한다. 우리는 실패했을 때 가장 중요한 삶의 의미를 새롭게 깨달을 수 있다. 실패보다 좋은 경험은 없다. 실패가 도약할 수 있는 발판이 될 때 우리는 실패를 뛰어넘어 성공하는 것이다. 실패를 해본 사람만이 진정한 성공의 기쁨과 만족을 누릴 수 있다. 실패를 경험해야 잘못된 것을 바로 알고 성공에 장애가 되는 것에서 벗어날 수 있다.

톰 피터스는 이렇게 말했다.

"실패를 해본 사람만이 일이 잘못된 것을 알고 성공을 가로막는 습관을 버릴 수 있다."

성공하려면 자신의 실패를 교훈으로 삼을 줄 알아야 한다. 실패 없는 성공도 없고, 성공 없는 실패도 없다.

"실패는 성공을 만드는 필수 재료다"라고 레인 네메스가 말했다.

실패는 성공을 만드는 가장 훌륭한 약이다. 버려지고 황폐한 땅에서도 풀잎이 돋아나고, 꽃이 피고 열매가 맺힌다. 절망 속에서도 새로운 변화를 시도한다.

쓰레기 산이었던 난지도를 보면 지금은 나무가 자라 숲을 이루고 있다. 지금의 난지도를 누가 쓰레기 더미였다고 생각하겠는가? 비참하게 무너지고 처절하게 쓰러질 때에도 희망을 만드는 사람이 성공한다. 희망은 어둠 속의 빛과 같다. 희망은 모든 것을 새롭게 만들며 도전하게 만든다.

세상이 어려워지면 자포자기하는 사람들이 많아진다. 사실은 어려울 때가 성공을 만들 수 있는 좋은 때다. 사람들은 누구나 쓰러지고 넘어지고 실수를 하면서 살아간다. 두려워할 필요가 없다. 모두가 사람이 하는 일이다.

프랑스 작가 로맹 롤랑은 그의 작품에서 이렇게 말했다.

“절대로 실수하지 않는 사람은 아무 일도 하지 않는 사람뿐이다.”

아무것도 하지 않는 사람에게는 실패도 성공도 없다. 그들은 다만 낙오될 뿐이다. 자신이 지금 어려운 것은 움직이려고 생각하지 않고 현실을 비관하고 있기 때문이다. 실패가 있어야 성공도 있다. 성공하려면 움직이고 도전해야 한다.

뉴욕의 맨해튼 섬은 한 네덜란드인이 어느 인디언으로부터 4달러짜리 양주 한 병을 주고 샀다고 한다. 그 인디언은 오늘의 뉴욕을 상상도 하지 못했을 것이다. 가치를 아는 사람은 소유하려 하고 가치를 모르는 사람은 필요 없다고 내버린다.

자신의 열정과 시간으로 내일을 사는 사람이 성공한다. 성공하려고 노력하는 사람은 절대로 낭비하지 않는다. 도전에 도전을 거듭해 성공을 만들어낸다. 실패가 있기에 성공이 아름답다. 실패는 누구나 거쳐야 하는 과정이다. 자신의 환경과 여건을 뛰어넘는 사람이 성공을 만든다.

삶 속에서 처절한 절망으로 몸부림쳤던 사람이 더 크게 성공한다. 목표가 없는 사람은 성공할 수 없다. 목표가 없으면 도전도 없고 성취감도 없다. 자신이 먼저 변화하면 세상을 변화시킬 수 있다. 세상은 자신이 변화하는 모습에 따라 다르게 보인다. 실패에 머물러 있는 사람에게는 실패만 보이고 실패를 뛰어넘는 사람에게는 성공이 보인다.

미국 프로 골프 선수인 잭 니클로스는 이렇게 말했다.

" '최고 골퍼'라는 칭송을 받는 나에게는 경기에 임하는 하나의 법칙이 있다. 그것은 먼저 게임이 시작되기 전에 나 자신에게 여섯 번쯤 잘못된 퍼트를 할 수 있다고 위로하는 것이다. 그러고 나면 경기에서 실수를 해도 나는 절망하지 않는다. 사실 아무리 좋은 상황이라고 하더라도 사람인 이상 실수가 없을 수는 없다. 하지만 이렇게 자신을 위로하면 그 실수가 눈에 띄게 줄어든다."

실패를 대하는 태도에 따라 결과가 달라진다. 실패는 삶에 자극을 주고 변화를 일으킨다. 성공은 꼭 좋은 집안 출신이거나 부유한 사람만 이룰 수 있는 것은 아니다. 성공하는 사람은 자신에게 주어진 일이 정당한 일이라면 무엇이든 최선을 다해서 해내고야 마는 기질이 있는 사람이다.

오르테가이가세트는 이렇게 말했다.

"현대인의 최대의 정신적 범죄는 자기 자신에 대해서 불성실한 것이다."

후회하고 망설이는 시간에 한 발자국 앞서서 나가야 한다. 성공을 열어가는 것은 바로 자신이며, 자신의 노력의 결과가 성공을 만든다. 실패는 성공의 과정일 뿐이다.

성공한 사람들의 이야기를 들어봐라. 그들이 얼마나 처참하게 쓰러지고 또 과감하게 일어났는가를 알 수 있다. 세상에 널려 있는 것이 실패한 사람들의 이야기다. 그 속에서 보석처럼 빛을 발하는 것이 성공이다.

성공한 사람은 어떤 순간에도 절대로 포기하지 않는다. 힘이 들 때는 눈물도 흘리고 때로는 원망도 할 것이다. 인간이기에 그 정도는 누구나 할 수 있다. 그러나 절대로 자신이 가야 할 길에서 벗어나지 않는다. 준비된 사람만이 성공을 만든다. 자신이 해야 할 일을 변명이나 핑계 없이 꾸준히 노력해나가는 사람이 좋은 결과를 만든다.

삶의 한순간 한순간이 고귀하다. 삶의 모든 순간이 작품처럼 아름답다.

벤저민 프랭클린은 이렇게 말했다.

"만일 네가 네 인생을 사랑한다면 네 시간을 사랑해라. 왜냐하면 인생은 시간으로 구성되어 있기 때문이다."

영국의 극작가 윌리엄 셰익스피어는 이렇게 말했다.

"이 세상에는 행운도 불운도 없다. 다만 생각하기에 달려 있다."

생각이 바뀌면 모든 것이 변한다. 실패는 배움의 기회일 뿐이다. 어떤 고통이든지 다가올 때는 분명히 뭔가 뜻이 있을 것이다. 고통 너머에는 희망이 있다는 것을 아는 사람은 언제나 오기와 끈기를 가지고 자신이 원하는 일을 해내고야 만다.

조슈아 레이놀즈는 이렇게 말했다.

"이 세상에 위대한 인물이 되는 모든 조건을 완벽하게 가지고 태어나는 사람은 없다. 위대한 인물은 주로 자신의 근면으로 이루어지는 것이다. 별다른 능력이 없는 사람일지라도 무슨 일이든 정성을 다해 열중하면 조금씩 나아지는 기쁨을 맛볼 수 있다. 이런 발전은 시계의 짧은 바늘의 움직임과 같아서, 한 번 움직일 때마다 한 시간씩 가지만 아주 조금씩 앞으로 나아가기 때문에 눈에 띄지 않을 뿐이다."

자신의 주변에 절망하고 있는 사람을 봐라. 그들은 원망하거나 비판만을 일삼고 움직이려고 하지 않는다. 성공을 향해 뛰는 사람은 신세타령을 할 시간이 없다. 새로운 도전이 눈앞에 아른거리기 때문이다.

세계적인 화가 빈센트 반 고흐는 이렇게 말했다.

"만약 가슴 안에서 '나는 그림에 재능이 없다'라는 음성이 들려오면 반드시 그림을 그려야 한다. 그 소리는 당신이 그림을 그릴 때 잠잠해진다. 자신이 올바른 일을 하고 있다는 자신감과 신념을 가지고 행동해야만 한다."

돌덩어리도 조각가에 의해서 명작이 된다. 우리의 삶도 마찬가지다. 우리가 어떻게 살아가느냐에 따라 주인공이 될 수도, 엑스트라가 될 수도 있다. 어떠한 경우라도 희망을 잃어서는 안 된다. 희망은 우리의 삶에 길을 만들어준다.

우디 앨런은 이렇게 말했다.

"나갈 때는 나간다. 이것으로써 성공은 80%를 이룬 것이다."

우리 안에 명작을 만들 수 있는 성공이라는 물감이 있다. 그 물감을 터뜨려라. 그리고 자신의 모든 실패를 지우고 성공을 만들어라.

성공은 이론만으로 만들어지는 것이 아니다. 이론과 경험을 토대로 만들어진다.

삶의 도처에는 실패의 웅덩이가 있고 실패의 담이 둘러져 있다. 성공하려면 경험을 바탕으로 일어서야 한다. 온갖 어려움을 뚫고 일어서야 한다. 살아 있는 것은 다 일어설 수 있다.

"나에게 실패란 없다. 실패란 바느질할 때나 필요한 것이다. 나에게 포기란 없다. 포기란 배추를 셀 때나 쓰는 말이다."

우스갯소리지만 가슴에 새겨두어도 좋을 것이다.

일본 화학의 회장으로서 회사 재건의 명인으로 잘 알려진 히라야스 간로우는 이렇게 말했다.

"백만 원을 얻는 경험은 다음 십억 원을 얻는 밑천이 되지 못하나 백만 원을 손해본 경험은 다음에 십억을 얻을 자산이 된다. 그러므로 실패했다고 말하지 말고 경험했다고 말해라. 포기했다고 말하지 말고 체험했다고 말하는 것이 성공을 향한 중요한 사고방식이다."

성공하려면 실패를 경험으로 만들자. 단 한 번도 실패하지 않는 사람은 없다. 성공이란 아무런 이유 없이 거창하고 거대하게 이루어지는 것이 아니다.

어린아이가 걸음마를 배울 때에도 넘어졌다 일어나기를 수없이 반복하다가 스스로 걷게 된다. 일어서서 걷기 시작하는 아이들을 봐라. 얼마나 좋아하고 기뻐하는가? 아이는 의욕이 생겨서 자꾸만 걷는다. 넘어지면 일어나서 다시 걷는다. 이 걸음걸이가 아이를 성장하게 만들고 세상을 살아갈 수 있는 힘을 만들어준다.

우리에게 경험이 충분하다면 이제 성공할 수 있다는 확신이 필요하다. 성공은 절망의 아픔을 뛰어넘었을 때 찾아오는 것이다. 실패를 두려워하면 아무것도 할 수 없다. 자신이 하는 일에 집중해 열정을 쏟아 붓는다면 스스로도 놀랄 정도로 굉장한 일을 해낼 수 있다.

각 분야에서 성공한 사람은 수많은 고난과 실패를 강한 각오로 딛고 일어난 사람들이다. 사회적으로 성공한 사람들의 자서전을 읽어봐라. 오늘의 현실이 있기까지 얼마나 많은 실패의 계곡에서 비참하게 떨어졌다 일어섰는가를 알 수 있다.

우리가 모든 일에 경험을 올바르게 가지려면 긍정적인 사고를 갖는 것이 중요하다. 어떤 실패에서도 일어나 포기하지 않고 앞으로 전진해나가는 것이다. 우리에게 다가오는 실패를 새롭게 도전해나가는 기회로 만드는 것이 중요하다. 우리가 실패에서 일어설 때 진정한 용기가 샘솟는다. 평범하던 삶에 감동과 감격이 일어나고 온몸을 들뜨게 하는 흥분에 기쁨으로 떨릴 것이다.

우리에게 다가오는 갖가지 고통에는 놀라운 뜻과 교훈이 담겨 있다.

성 아우구스티누스는 '고통과 섭리'에 대해서 다음과 같이 말했다.

"고통은 동일하나 고통을 당하는 사람은 동일하지 않다. 악한 사람은 고통을 당하면 하느님을 비방하고 모독하지만 선한 사람은 그 고통 속에서도 하느님을 찾으며 찬양한다. 모든 사람이 무슨 고통을 당하느냐가 문제가 아니라 어떻게 당하느냐가 문제다. 똑같은 미풍이라도 오물은 더러운 냄새를 풍기고 거룩한 기름은 향기로운 냄새를 풍긴다."

우리에게 찾아오는 실패를 통해 바른길을 깨닫고 실패를 성공으로 만드는 자신감을 가져야 한다. 큰 성공을 하기까지는 실패를 경험하지 않을 수가 없다. 자신감을 가지고 살아가는 사람에게는 실패조차 때로는 유익을 준다.

일이 잘 풀리지 않는다고 부정적인 면만을 바라보며 걱정만 하면 적극적인 사고를 갖기란 어려운 일이다. 실패에 냉정하게 대처

해 다시는 실수가 없도록 해야 한다. 늘 긍정적인 사고로 성공을
만들어가면 더 적극적으로 살아갈 수 있다.

Tip

실패 극복하기

- ⊙ 실패의 원인에 대해 차분히 검토해라.

- ⊙ 실패를 통해 교훈을 얻어라.

- ⊙ 실패를 딛고 다시 성공의 길로 도약해라.

11 대화를 잘 이끌어가라

우리의 언어 표현은 우리의 인격의 거울이다. 우리가 쓰는 언어
는 각 사람의 삶의 모습과 능력을 그대로 나타낸다. 사람과 사람
사이에 말이 통하지 않는다면 그보다 더한 불행은 없을 것이다. 우
리는 때에 맞는 언어를 유효적절하게 사용해야 한다. 언어는 인간
관계를 새롭게 만들어준다. 우리의 행복은 어떤 언어를 사용하느
냐에 따라 달라진다.

현대사회는 사람들이 저마다 각자의 공간을 가지고 살아가기를
좋아하기에 대화가 단절되는 경우가 많다. 대화는 인간관계를 잘

만들어준다. 때로는 어려운 문제가 일어났을 때에도 대화는 의외로 일을 쉽게 풀어나가게 해준다. 대화는 삶을 평화롭고 따뜻하게 만들어준다.

대화란 사람들끼리 말을 주고받으며 서로의 감정을 교류하는 것이다. 따라서 기쁨과 즐거움이 없는 대화는 무의미한 소음에 지나지 않는다.

여러 사람이 있는 곳에서 주목받는 사람은 대화를 즐겁게 이끌어가는 사람이다. 가족에게 사랑을 받고 주변 사람들에게 주목을 받으려면 대화 속에 유머와 센스를 지녀야 한다. 대화 속 웃음은 자신에게만 좋은 것이 아니라 주변 사람들도 행복하게 해준다. 항상 명랑하고 희망에 가득 찬 사람 앞에서 모든 어려움은 눈 녹듯 사라진다. 그러므로 대화를 잘 나누려면 올바른 대화 원칙을 지켜야 한다.

상대방과 대화할 때는 솔직해야 한다. 상대방을 올바른 태도로 대해야 한다. 관심을 가져주고 자신을 거짓 없이 개방해야 한다. 이해하기 쉬운 말을 해야 하고 그 말은 유익해야 한다. 대화의 내용과 표현이 단조롭지 않아야 한다. 나누는 대화가 시간과 장소에 적합해야 하며, 여운을 남길 수 있어야 한다.

언어 표현은 참으로 중요하다. 대화를 나눌 때 가장 중요한 것은 남의 대화를 잘 들어주는 것이다.

셰익스피어는 "모든 사람에게 너의 귀를 줘라. 그러나 너의 목소리는 몇 사람에게만 줘라"라고 말했다.

바른 대화를 하려면 잘 들을 줄 알아야 한다.

가정과 직장과 사회에서 즐거움을 주는 사람은 재미있는 이야기를 해주는 사람이다. 우리는 무언가 재미있는 이야기를 듣고 한바탕 웃고 나면 관계가 더욱 돈독해진다. 이 세상을 아름답게 살아가려면 긍정적인 말을 사용해야 한다.

우리는 가정에서 사랑의 언어를 표현하며 살아가야 한다. 사랑의 언어는 삶에 용기를 주고 희망을 주고 행복을 가져다준다.

말에는 생명력이 있다. 말에 생명과 의미를 주기 위해서는 우리의 감정을 바르게 담아야 한다. 우리가 사용하는 언어 속에는 우리의 삶의 모습이 그대로 표현된다. 말 한마디가 때로는 삶 전체를 바꾸어놓는다.

상대방을 사랑할 때, 상대방에게 관심이 있을 때 대화에 의미가 있다. 대화는 우리의 삶을 성공하게도 만들어주고 실패하게도 만들어준다. 그러므로 우리는 만나는 사람들에게 칭찬과 격려를 아끼지 말고 사랑하는 마음으로 해주어야 한다.

언어가 바른 사람은 삶이 바르고 언어가 저속하거나 거칠고 거 짓뿐인 사람은 삶도 진실하지 못하다. 아름다운 언어를 표현하는 사람은 행복하다. 우리의 대화는 자신도 남도 행복하게 만들어주 는 행복한 것이어야 한다.

언제나 나 자신부터 대화를 시작해야 한다. 내가 먼저 대화의 문

Tip
긍정적인 말의 유형

- 긍정적인 사람은 "할 수 있습니다!"라고 말한다.
- 능동적인 사람은 "제가 하겠습니다!"라고 말한다.
- 적극적인 사람은 "무엇이든지 도와드리겠습니다!"라고 말한다.
- 헌신적인 사람은 "기꺼이 해드리겠습니다!"라고 말한다.
- 겸허한 사람은 "잘못된 것은 고치겠습니다!"라고 말한다.
- 수용적인 사람은 "참 좋은 말씀입니다!"라고 말한다.
- 협조적인 사람은 "이렇게 하면 어떨까요?"라고 말한다.
- 감사할 줄 아는 사람은 "대단히 고맙습니다!"라고 말한다.
- 물을 수 있는 여유가 있는 사람은 "도울 일 없겠습니까?"라고 말한다.
- 일을 찾아 할 줄 아는 사람은 "지금 할 일이 무엇일까?"라고 말한다.

을 열면 주변 사람들도 다가오기 마련이다. 대화가 살아나면 삶이 풍성해진다. 사랑의 대화가 풍성한 가정, 직장, 사회는 꿈이 넘치고 사랑이 가득하다. 우리가 바로 이런 세상을 만들어가야 한다.

하루를 시작할 때 희망이 가득 찬 말로 시작하면 삶이 달라진다. 삶에 확신이 생기고 힘이 솟고 기대감이 넘치게 된다. 살다 보면 절망을 느낄 때도 있다. 그러나 그것을 이겨내는 것이 삶이다.

안톤 슈낙은 이렇게 말했다.

"누가 모르겠는가, 행복은 멀리 있는 것이 아니라 바로 가까이

- 오늘은 기분이 참 좋다.
- 오늘은 잘될 거야. 열심히 해야겠다.
- 실수를 지적해주셔서 고맙습니다.
- 내 힘과 열정을 다 쏟아보겠습니다.
- 오늘은 좋은 일이 많이 일어날 것이다.
- 노력의 결과는 분명히 올 것이다.
- 희망을 가지고 힘차고 바르게 살아야겠다.
- 오늘은 좋은 사람들을 만날 것이다.

있다는 것을. 다만 그쪽으로 손길을 뻗는 사람만이 행복을 만질 수 있다.”

베리 벤슨은 이렇게 말했다.

“우리 모두는 성공과 좌절, 불만, 그리고 승리 등 이제까지 살아오면서 겪은 일에 둘러싸여 살아간다.”

우리는 매일 어머니와 아버지, 그동안 우리에게 도움을 준 모든 사람, 넓게는 우리가 알고 지내온 모든 사람과 더불어 살아가고 있다. 우리는 지금까지 많은 경험을 겪으면서 오늘에 이르렀다. 그러나 우리가 겪어온 지난 일이 우리의 미래를 결정짓는다고 할 수 있을까? 어느 정도 영향을 미칠 수는 있지만 모든 인생을 좌우하지는 않는다. 지난 일보다 더 중요한 것은 그것을 대하는 우리의 태도다. 바꿔 말하면 어떻게 지난 일을 정리하느냐가 중요하다. 많은 사람이 지난 일에 얽매여 살아간다. 상담을 하다 보면 7, 80대 혹은 90대가 될 때까지 유년기의 정신적 충격에서 헤어나지 못하는 사람을 보게 된다.

우리는 자라고 성숙함에 따라 과거의 희생자가 될 것인가, 아니면 과거를 딛고 일어설 것인가, 둘 중 하나를 선택할 수 있다. 또 우리에게 일어난 좋지 않은 일을 극복하고 재기하는 법을 배울 수도 있다. 당신의 과거가 어떻든 간에 오늘은 어제와 다른 날이며 앞으로 나갈 수 있는 기회가 주어진 날이다.

우리의 미래는 우리가 희망을 가지고 있는 한 확실하게 달라질 수 있다. 희망은 성공을 만들어낸다. 우리의 행복은 결코 멀리 있는 것이 아니다. 희망을 볼 수 있는 눈만 가지고 있다면 누구나 행복해질 수 있다.

우리에게 희망이 가득하다면 사람들이 좋아질 것이고 희망적인 말을 하게 될 것이다. 희망적인 인생을 살아가려면 사람들에게 호

Tip

할수록 좋은 말들

- 마음을 넓고 깊게 해주는 말은 "미안해".
- 겸손한 인격의 탑을 쌓는 말은 "고마워".
- 날마다 새롭고 감미로운 말은 "사랑해".
- 사람을 사람답게 해주는 말은 "잘했어".
- 화해와 평화를 이루는 말은 "내가 잘못했어".
- 모든 허물을 덮어 하나 되게 해주는 말은 "우리는".
- 세상에서 가장 보배로운 말은 "친구야".
- 봄비처럼 사람을 쑥쑥 키워주는 말은 "네 생각은 어때?".

의적이어야 한다.

사람들의 호의를 얻으려면 상대방의 이름을 잘 기억해야 한다.
언제 만나도 기분이 좋은 사람이 되어야 한다. 마음이 여유로운 사
람이 되어야 한다. 너그러운 사람이 되어야 한다. 사람들이 우리
에게서 가치 있는 일을 배우게 해야 한다. 거만하거나 까다로운 사
람이 되지 말아야 한다. 다른 사람의 성공이나 행복을 축복해줘야
한다.

12 책을 즐겨 읽어라

"독서는 풍부한 사람을, 대화는 재치 있는 사람을, 글을 쓰는 것은 정확한 사람을 만든다"라고 베이컨이 말했다.

우리의 삶은 한 권의 책과 같다. 어떤 사람의 삶은 소설과 같고 어떤 사람의 삶은 수필과 같고 어떤 사람의 삶은 한 편의 시와 같다. 우리의 삶이 책이라면 읽히는 책이 되어야 한다.

독서는 글자 속으로의 여행이며 우리는 독서를 통해 역사와 세상 풍경을 바라보고 사람들의 마음을 읽을 수 있다.

현대는 다양한 매체 시대다. 우리는 독서를 통해 풍부한 정보와

지식을 가짐으로써 새로운 문화에 바르게 적응하고 지금의 문화를 더욱더 발전시켜나가야 한다.

독서는 우리의 삶의 질에도 놀라운 변화를 가져다줄 것이다. 왜냐하면 독서는 다양한 삶을 간접적으로 체험하게 해주며 갖가지 정보를 가져다주기 때문이다.

책을 읽으면 우리의 삶이 변화되고 생각이 변화되고 행동이 변화된다. 책은 우리의 삶을 풍요롭게 하고 삶의 가치를 높여주는 힘을 가지고 있다. 책을 읽으면 읽을수록 넘치는 샘물 같은 축복을 얻을 것이다.

이해인 시인은 책을 읽는 기쁨에 대해서 이렇게 말한다.

"좋은 책에서는 좋은 향기가 나고 좋은 책을 읽는 사람에게도 그 향기가 스며들어 옆 사람까지도 행복하게 한다. 세상 사는 동안 우리 모두 이 향기에 취하는 특권을 누려야 하리라. 아무리 바빠도 책을 읽는 기쁨을 꾸준히 키워나가야만 우리는 속이 꽉 찬 사람이 될 수 있다. 언제나 책과 함께 떠나는 여행으로 삶이 풍요로울 수 있음을 감사해라. 책에서 우연히 마주친 어느 한 구절로 내 삶의 태도가 예전과 달라질 수 있음을 늘 새롭게 기대하며 살자."

이이는 『격몽요결』에서 말했다.

"사람들이 독서를 하는 데 있어서 입으로만 읽고 마음으로 체험하지 아니하며 몸으로 행하지 아니하면, 글은 다만 글자에 지나지 않으니 실제로 유익한 것은 하나도 없다."

책은 삶에 지친 사람에게 힘을 주고 희망과 용기를 주고 지혜를 준다. 고독한 사람에게 친구가 되어주고 길을 잃고 방황하는 사람에게 나침반이 되어준다.

윌리엄 서미싯 몸은 "책을 위해서 책을 읽는 것이 아니라 자신을 위해 책을 읽는다"라고 했다. 책이 우리에게 들려주는 고귀한 메시지를 받아들여야 한다.

데카르트는 "좋은 책을 읽는 것은 과거의 뛰어난 사람들과 대화를 나누는 것과 같다"라고 했으며 소크라테스는 "남의 책을 읽어라. 남이 고생한 것을 가지고 쉽게 자기를 개선할 수 있다"라고 했다. 버니스 컬리넌은 "사람이 태어나 성장해 성공하는 비결은 무엇인가? 그것은 책을 읽는 일이며 누구보다 더 많이 읽는 것이다"라고 했다.

사람이 사람다운 구실을 하려면 우선 몸이 튼튼해야 한다. 또 튼튼한 몸을 뒷받침해주는 마음, 즉 정신이 건강해야 한다. 우리가 날마다 먹는 여러 가지 음식은 우리의 몸을 지탱할 수 있는 영양분을 공급해준다. 그러나 우리의 정신에는 직접적인 영향을 주지 않는다. 인간의 정신과 영혼을 윤택하게 해주고 올바른 마음을 가질 수 있도록 길잡이 역할을 해주는 것이 바로 책이다.

자기가 좋아하고 흥미가 있는 책을 읽으면 마음이 즐거워진다. 다양한 정보를 얻기 위해서도 책을 읽는다. 책을 읽으면 우선 아는 것이 많아지므로 이야깃거리가 풍부해진다.

책을 폭넓게 읽으면 여러 가지 새로운 지식을 습득해 올바른 사고를 할 수 있다. 책을 많이 읽으면 자신감이 생기고, 스스로 자신의 일을 처리하는 지혜를 얻게 된다.

"책 속에 길이 있다."

"사람이 책을 만들고, 책이 사람을 만든다."

이 두 말은 독서가 우리에게 얼마나 중요한가를 잘 알려준다.

유대인 계몽가 임마누엘은 "그대의 돈을 책을 사는 데 써라. 그 대가로 거기서 황금과 지성을 얻을 것이다"라고 했다.

터치맨은 "서적은 문명의 수송자다. 서적 없이는 역사가 잠잠하고 문학은 벙어리며 과학은 절름발이고 사상과 사색은 정체 상태다"라고 말했다.

우리의 삶 속에서 책이 동반자가 되어야 한다. 책이 우리의 삶의

열매를 딸 수 있는 과수원도 되고 우리의 삶의 산책 길도 되어야
한다.

　유대인은 책과 돈을 동시에 떨어뜨리면 먼저 책부터 집는다고
한다. 우리도 책을 늘 가까이하며 독서하는 삶을 살아야 한다.

　에드먼드 버크는 이렇게 말했다.

　"독서 후에 생각하지 않는 것은 식사 후에 소화시키지 않는 것
과 마찬가지다."

　미국의 제16대 대통령 링컨은 켄터키 주의 가난한 시골집에서
태어나 교육을 제대로 받지 못했다. 그는 학문에 관심이 많았기 때
문에 책을 읽기를 원했다. 그는 자기가 원하는 책을 누가 가지고
있다고 하면 먼 곳에 살고 있어도 찾아가 그 책을 읽고야 말았다.

　그는 자신의 마음속에 책을 새겨 넣을 정도로 열성적으로 책을
읽었다. 중요한 것은 적어놓고 싶었지만 제대로 된 필기도구도 없
었다. 한번은 사전 한 권을 갖게 되었는데 얼마나 읽었는지 사전을
전부 외울 정도였다.

　어느 날 링컨은 『워싱턴전』을 빌려서 초가 다 탈 때까지 읽은 다
음 책장에 넣어두고 잠이 들었다. 그런데 그날 밤에 비가 많이 내

려서 책이 젖고 말았다. 링컨은 책 주인에게 사정을 말하고 3일 동안 그 집에서 일을 해주었다. 그의 성실함에 감탄한 주인이 비에 젖은 책이나마 그에게 선물로 주자, 링컨은 너무나 좋아서 껑충껑충 뛰었다고 한다.

책을 아는 사람은 자신에게 적합한 일하는 습관을 터득하고 할 일을 철저하게 계획한다. 우선순위를 짜임새 있게 정해 시간을 적절하게 배분함으로써 시간을 효율적으로 관리한다. 폭 넓은 독서를 통해 비전을 품고 도전한다.

미국 상원의원 중에는 학교 공부는 별로 못했으면서도 다방면으로 유식한 의원이 있었다. 그의 판단은 어떤 분야의 것이든 매우 정확했다. 한 젊은이가 궁금한 마음에 그에게 물었다.

"의원님! 의원님은 어떻게 그렇게 많은 것을 알고 계십니까?"

이 말을 들은 상원의원은 이렇게 대답했다.

"나는 열여덟 살 때부터 하루에 두 시간씩 독서하기로 결심했지. 차를 탈 때나 누구를 기다릴 때나 심지어는 여행을 가서도 책을 읽었네. 신문이나 잡지는 물론이고 명작 소설이나 시, 성경과

정치 평론도 읽었지. 그랬더니 자연히 많은 것을 알게 되었어. 모
든 것이 독서의 힘이지."

책을 즐겨 읽어야 한다. 책은 우리의 삶을 새롭게 변화시켜준다.

Tip
독서에 관한 명언

- 내가 인생을 알게 된 것은 사람과 접촉해서가 아니라 책과 접했기 때문이다.
  -A. 프랜스

- 책은 한 권 한 권이 하나의 세계다. -윌리엄 워즈워스

- 좋은 책은 좋은 친구와 같다. -생피에르

- 책은 위대한 천재가 인류에게 남긴 유산이다. -조지프 애디슨

- 좋은 책을 읽는 것은 과거의 가장 뛰어난 사람들과 대화를 나누는 것과 같
  다. -데카르트

- 당신에게 가장 필요한 책은 당신으로 하여금 가장 많이 생각하게 하는 책이
  다. -마크 트웨인

- 그 사람이 읽는 책을 보면 그 사람의 성격을 알 수 있다. -W. 차몬드

13 최대한 인내해라

"인내와 통찰력은 사업에서 가장 중요한 자질이다"라고 헨리 포드가 말했다.

성공은 하루아침에 이루어지는 것이 아니기에 우리에게 맡겨진 일에 최선을 다하고 나서 기다리면 된다. 씨앗이 나무가 되어 열매를 맺을 때까지 기다림이 있는 것처럼 성공도 마찬가지다. 참고 기다릴 줄 아는 사람에게 성공이 온다.

"문 하나가 닫히면 다른 문이 열린다. 그러나 우리는 닫힌 문을 바라보며 너무나 오랫동안 후회하다가 우리를 향해 열린 문을 미처 보지 못한다.”

헬렌 켈러가 한 말이다. 우리는 살면서 수많은 문을 만나게 된다. 성공의 문은 삶에 자신을 온전히 투자하는 사람에게 분명히 열린다. 생명이 없는 나무토막은 흐르는 물을 따라 떠내려가지만 살아 있는 작은 물고기는 급류를 거슬러 올라간다. 우리 안에 살아 있는 열정이 있다면 우리 마음속에 기대감도 함께 자리할 것이다.

브라우닝이 이런 말을 했다.

“저급한 목표로 성공을 거두기보다 고상한 목표로 당당하게 실패하겠다.”

실패할 때 실패하더라도 문을 활짝 열어봐라. 그리고 꿈을 펼쳐봐라.

미국의 템플대학교를 창설한 러셀 콘웰 박사는 제1차세계대전이 끝날 무렵 미국의 백만장자 4,043명의 삶을 조사해보았다. 그런데 조사한 결과 놀랍게도 백만장자들 가운데는 고졸 이상의 학력을 지닌 사람이 불과 69명밖에 없었다. 그들이 백만장자가 되기까지 돈과 교육, 정규 훈련 등에 있어서 일반적으로 부족한 생활을 했으리라는 것은 당연한 사실이다.

콘웰 박사는 그들의 생애가 평범한 다른 사람들과는 같지 않다

는 점을 지적했다. 그들은 분명한 목표를 가지고 삶을 살아갔다는
것이다. 성공적인 삶을 위해서는 마음속에 뚜렷한 목표를 가지고
그것을 위해 전력투구해야 한다. 그들은 또한 인내를 가지고 있었
다. 성공의 문에 들어서기까지는 길고 어두운 밤을 지내야만 한
다. 그 어두운 밤을 무사히 견뎌낼 수 있는 사람만이 곧 성공의 아
침에 도달할 수 있다.

인내심 기르기

❶ 목표가 명확해야 한다

우리가 무엇을 바라고 있는가를 확실하게 알아야 한다. 이것은
인내심을 기르는 데 가장 중요한 것이다. 강렬한 동기부여야말로
우리에게 온갖 고난을 극복해나가는 힘을 심어준다.

❷ 소망을 가져야 한다

우리의 마음속에서 소망의 불을 활활 태워야 한다. 우리의 소망
이 타오르면 인내심을 발휘할 힘은 충분해진다. 우리의 능력과 가

치를 믿어야 한다. 용기와 인내력은 우리를 지탱해준다.

❸ 계획을 잘 짜야 한다

면밀한 계획을 추진해나갈 때 기다릴 수 있는 인내심이 생겨난다. 우리의 경험과 관찰을 기초로 한 정확한 지식이 있어야 한다. 이 올바른 지식을 사용하지 않고 단순한 억측이나 짐작만으로 판단하는 것은 인내력을 파괴할 수 있다.

❹ 서로 협력해야 한다

인정과 이해와 조화가 갖추어진 협력심을 가지는 것은 인내력을 강화시키는 일이다.

❺ 굳은 의지가 있어야 한다

명확한 목표를 향해 항상 마음을 집중하는 노력이야말로 인내력의 영양분이 된다.

우리는 선택과 결단의 긴장 관계 속에서 살아가고 있다. 우리는 항상 선택해야 하고, 하나를 선택하기 위해 다른 것을 포기할 줄도 알아야 한다. 선택을 제대로 하지 못하면 문제가 생긴다. 우리는 우리의 삶을 책임지며 살아가야 한다.

하이램이라는 천덕꾸러기 소년이 있었다. 그의 부모는 그를 양육하는 것이 어려워 어린 나이의 그를 강제로 사관학교에 보냈다. 신장이 153센티미터밖에 되지 않았던 그는 그곳에서 늘 키가 작다고 놀림을 받았다. 그러나 그는 누구를 원망하거나 자신의 신체적 결함을 비관하지 않았다.

대령으로 예편한 그는 조용히 고향에 내려가 농사를 지었다. 그러던 중에 남북전쟁이 터져서 그는 북군 장교로 싸우게 되었다. 상관이면서도 부하들로부터 대우를 받지 못했지만 그는 불평하지 않고 묵묵히 최선을 다했다. 마침내 성실한 모습으로 많은 사람으로부터 존경과 신뢰를 얻은 그는 미국 최초의 육군 대장이 되었다. 그리고 미국의 제18대 대통령에 당선되었다. 그가 바로 율리시스 그랜트 대통령이다.

한 알의 씨앗은 모진 비바람과 눈보라를 겪은 후에야 싹을 틔운다. 역경 속에서 새싹은 더욱 힘차게 자란다. 승부의 열쇠는 그 사로댕은 르네상스 이후 쇠퇴의 길을 걷던 조각 예술에 생생하게 생기를 불어넣은 위대한 조각가다. 로댕은 20세 되던 해에 아버지가 정년 퇴임해 직업 전선에 뛰어들어야 했다. 생활은 어려웠지만 그의 예술에 대한 애정과 의욕은 식을 줄을 몰랐다.

로댕의 활활 타오르는 열정의 힘은 1875년 '청동시대'를 만들어냈고, 2년 후인 1877년에는 '걷는 사람', 1880년에는 '지옥의 문', '생각하는 사람' 등 수많은 걸작을 계속해 만들어냈다. 그의 작품 중에서 '생각하는 사람'은 오른손으로 턱을 받치고 있는 젊은이 상인데 고민 중에도 가슴엔 무언가 활활 타오르는 모습을 가지고 있어서 금방이라도 무언가를 이룰 것 같다. 로댕은 명작들은 인내와 용기로 가난과 외로움을 이겨낸 끝에 탄생된 것이기에 더욱 빛이 난다.

독일 시인 괴테가 이렇게 말했다.

"중요한 것은 큰 뜻을 품고 그것을 이루는 기능과 인내를 가지는 것이다."

능력이 없다고 스스로 말하는 사람은 적극적인 사고방식을 가지고 있지 못한 사람이다. 나무도 뿌리가 제대로 뻗어야 거목이 될 수 있다. 쓰라린 과거를 딛고 일어서는 사람에게 미래가 있다. 단한 번뿐인 자신의 삶을 형편과 처지를 비관하며 그대로 무너지게할 수는 없다.

성실과 끈기로 일을 해나간다면 돈은 따라오게 되어 있다. 비바람을 잘 견디고 자라난 나무가 큰 나무가 되듯이 시련은 많은 것을배우게 해준다. 시련을 통해 성숙해져야 한다. 시련과 고통이 삶의 전환점이 되게 해야 한다. 실패하는 사람은 자신의 아픔만을 생각하지만 성공하는 사람은 다른 사람의 고통과 아픔까지 끌어안을 줄 안다. 삶은 시련의 연속이 아니다. 시련의 계곡을 지나면 기쁨의 들판을 만나게 되어 있다.

14 긍정적인 사고방식을 가져라

테레사 수녀는 이렇게 말했다.

"나의 임무가 대중을 돌보는 것이라고 생각해본 적은 전혀 없다. 난 한 번에 한 사람밖에 사랑할 줄 모른다. 난 한 번에 한 사람밖에 거둘 줄 모른다. 단 한 사람, 한 사람—당신도 내가 하듯 그렇게 한 번 시작해보세요. 난 단 한 사람만 인도합니다—그렇게 하지 않았다면 4만 2천 명을 인도하지 못했을 것이다. 내가 한 모든 일은 바다에 물 한 방울 보탠 것에 지나지 않는다. 그렇지만 내가 물 한 방울을 보태지 않았다면 바다는 물 한 방울이 줄어들었을 것이다.”

테레사 수녀의 말처럼 자신이 하는 일을 소중하게 여길 때 힘이 나고 사랑이 충만해진다.

사람들은 누구나 살아가면서 상처를 받고 좌절해 고통을 받을 때가 있다. 그러나 그 고통 속에 오래 머무르기보다는 이겨내는 힘을 가져야 한다. 고통을 가슴에 안고 괴로워하기보다는 그 모든 것을 딛고 일어서야 한다. 어느 누구의 삶이나 고통과 아픔은 있다. 그 고통과 아픔을 어떻게 극복해내느냐가 관건이다.

삶은 아주 치열한 전쟁이다. 아무것도 할 수 없는 좌절의 시간을 넘어선 사람이 희망을 만들어낸다. 성공하려면 열심히 살려고 하는 노력이 필요하다. 어려운 때일수록 흐트러지는 마음을 다잡고 나가야 한다.

영국의 철학자 베이컨은 이렇게 말했다.

“건강한 몸은 정신의 전당이고 병든 몸은 감옥이다.”

어떤 고난과 역경이 찾아오더라도 힘을 내어 적극적으로 살아가야 한다. 성공적으로 살아가야 한다는 의지를 가지고 살 때 어떤 환경도 극복해낼 수가 있다.

자신의 환경이 좋지 않다고 투덜대며 불평하는 사람은 어리석은 사람이다. 고통과 실패는 평생을 따라다닐 것이다. 어떤 두려움도 극복해야 한다. 두려움을 극복하는 방법은 맞서는 것이다. 뛰어넘는 것이다. 이겨내는 것이다. 두려움을 무릅쓰고 이겨낼 때 삶의 모습이 달라진다.

고통을 두려워하면 더 깊은 고통에 빠져 들고 만다. 고통을 이겨내면 다음에 찾아오는 고통은 쉽게 이겨낼 수 있는 힘이 생겨난다. 성공은 먼 곳에 있지 않다. 어렵거나 두려운 것이 아니다. 항상 가까운 곳에서 우리를 부르고 있다. 성공이 부르는 소리를 들었다면 주저 말고 달려가야 한다.

에드워드 포크는 잡지 편집인으로 세계적으로 유명한 인물이다. 그는 어려서 부모를 잃고 할아버지와 함께 살다가 미국으로 이민을 갔다. 에드워드 포크를 보내면서 할아버지는 이렇게 말했다.

"너에게 마지막 부탁을 하나 하겠다. 네가 어디에 가든지 네가 있는 곳을 어떤 모양으로든지 좋게 만들어라. 아무리 작은 일이라도 최선을 다해라."

에드워드 포크는 아는 사람 하나 없는 보스턴에서 신문팔이부터 시작했다. 언제나 자기가 있는 곳을 깨끗하게 만들었다. 신문

배달도 부지런히 해서 손님들에게 신용을 얻었다. 그는 늘 성실하고 친절해서 주변 사람들의 사랑을 받았다.

에드워드 포크는 커터스 출판사에 청소부로 들어가게 되었다. 열심히 일한 그는 정식 사원이 되었고, 판매부장을 거쳐 경리부장으로, 다시 편집국장이 되었다. 그는 드디어 사장의 사위가 되었고 그 후에 사장이 되었다. 그는 늘 성실했고 자기 주변을 깨끗하게 만들었다.

에드워드 포크는 밑바닥에서 일어나 최선을 다한 결과 성공을 이루어낼 수 있었다. 자신의 불행한 처지를 극복해 행복한 사람이 된 것이다.

성공은 사람이 만들어내는 것이다. 이 세상에 성공하지 못할 사람은 없다. 주목을 받든 못 받든 자신의 일에 최선을 다하는 사람은 자신이 원하는 일을 해낼 수 있다. 무명, 가난, 시련과 같은 것은 아무런 문제가 되지 않는다. 희망을 가지고 도전하는 사람에게 성공이 찾아온다.

더스패서스는 이렇게 말했다.

"우리는 현실만 보고 살아가는 것이 아니다. 좀 더 나은 내일을 바라보며 살아가는 것이다. 우리는 현재보다 좀 더 아름다운 것을 바라고 좀 더 의젓한 것을 원하고 좀 더 반듯하고 보람 있고 든든한 것을 희망한다. 즉, 우리는 때 묻은 현실에 있으면서 때 묻지 않은 꿈을 향해 걸어가고 있는 것이다. 만일 우리에게 희망찬 꿈이 없다면 무엇으로 때 묻은 현실을 씻을 수 있겠는가.”

자신의 현실을 절망의 눈으로 보는 사람에게는 절망밖에 보이지 않는다. 그러나 희망의 눈으로 보는 사람에게는 언제나 희망이 보인다. 무슨 일이든지 비관하고 끝났다고 생각하면 정말로 끝이 난다. 그러나 어떠한 경우에도 희망은 있다. 희망은 언제나 그것을 원하는 사람에게 찾아온다.

가장 고통스럽게 사는 사람은 자신의 과거에서 벗어나지 못하는 사람이다. 과거에 머물러 있는 사람이 아닌 현재와 미래를 살아가는 사람이 성공한다. 자신의 과거의 고통스러운 짐을 벗어던지고 앞으로 전진하는 사람에게 희망은 찾아오는 것이다. 오늘 최선을 다하는 사람이 내일의 주인공이 된다.

성공하려면 긍정적인 사고를 가져라. 긍정적인 태도는 긍정적인 결과를 낳는다. 자신감은 모든 것을 긍정적으로 바라보게 한다.

무슨 일을 하든지 긍정적인 사고방식을 갖는 것은 아주 중요하다. 우리에게는 능력이 있다는 것을 스스로 암시하면서 자신감 있게 살아가야 한다. 긍정적인 마음을 가지고 있으면 무엇이든지 기쁜 마음으로 시작할 수 있다.

세월은 강물처럼 흘러간다. 강물은 흘러가면 다시는 돌아올 수 없다. 이 소중한 시간을 항상 긍정적인 마음으로 희망을 이루며 살아가야 한다.

긍정적인 사람은 가슴을 따뜻하게 해주는 사랑을 아낌없이 나누며 산다. 긍정적인 사고방식을 가지고 살아가면 누구나 자신감을 갖게 되고 행복하게 살 수 있다. 우리에게 자신감은 큰 행복을 가져다준다.

스탠리 스타인은 한센병에 걸려서 눈까지 멀게 되었다. 그는 이런 생각을 했다.

"내가 남은 것을 가지고 무엇을 할 수 있을까?"

스탠리 스타인은 자신에게는 건강한 정신이 있다는 것을 생각해냈다. 그 후 그는 글을 쓰기 시작해 『이제는 외롭지 않다』라는 책을 출간했다. 그리고 그는 글을 쓰고 음악을 감상하면서 즐겁게 지냈다.

그는 이렇게 말했다.

“잃어버린 것을 슬퍼하는 대신 아직 내게 남아 있는 것을 최대한으로 계발하니 삶이 즐거워졌습니다.”

우리의 삶은 어떤 상황과 환경 속에서도 넘치는 자신감을 가지고 극복할 때 행복과 기쁨을 얻을 수 있다. 긍정적인 사고와 긍정적인 언어 표현은 긍정적인 삶을 살아가게 한다.

영국의 작가 대니얼 디포가 쓴 『로빈슨 크루소』는 우리에게 많은 것을 이야기해준다. 비극의 주인공이 된 크루소의 긍정적인 사고는 삶을 행복하게 사는 길이 어디에 있는가를 알려준다.

그는 무인도에 표류해 홀로 사는 외로움이 있으나 자연의 과일나무와 생선이 있는 것을 기뻐한다. 옷이 없어도 온화한 기후에 감사한다. 무기가 없어서 처음에는 두려워했으나 사나운 야수도 야만인도 그 섬에 있지 않음에 감사한다. 같이 이야기를 나눌 상대가 없으나 하느님과 대화를 나눌 수 있음을 감사한다. 그리하여 그는 어려운 환경과 조건이 인간을 불행하게 하는 것이 아니라 행복은 스스로 발견하는 것임을 깨닫게 되었다.

스테파니 바스토스는 발레리나다. 바스토스는 마이애미 뉴월드 스쿨을 졸업한 재원이었으나 1995년에 뜻하지 않은 교통사고를 당했다. 이 사고로 그녀는 발레리나로서는 사형 선고나 마찬가지인 발목 절단 수술을 받았다. 절망의 나날을 보내고 있는 그녀에게 어머니가 말했다.

"애야! 의족을 신고 춤을 춰보렴. 네가 잃은 것은 오른쪽 발목 하나뿐이잖니."

바스토스는 어머니의 말에 용기를 얻어 피나는 노력 끝에 재기에 성공했다.

성공을 하려면 어떤 역경도 뚫고 나갈 수 있는 자신감을 먼저 가져야 한다. 성공은 긍정적인 생각과 행동을 통해 성취해낼 수 있다.

Tip

긍정적인 태도의 세 가지 규칙

⊙ 날마다 즐겁게 생활한다.

⊙ 목표에 한 걸음 더 다가갈 수 있는 일을 한다.

⊙ 일에 도움이 될 만한 운동이나 취미 생활을 통해 삶에 활력을 불어넣는다.

15 자신의 일에 집중해라

집중하고 몰입하고 열심을 다하는 사람이 성공을 만든다. 자신의 일에 집중한다는 것은 매우 중요하다. 자기가 가지고 있는 모든 것을 다 쏟아서 최선을 다해 일한다는 것이다.

우리의 삶에서 가장 어려운 고비는 성공을 향해 출발을 시작할 때 종종 일어난다. 문제가 생기면 창의력과 추진력을 가지고 움직여야 한다. 어떤 문제도 그것을 해결하기 위한 행동 없이는 개선되지 않는다.

문제가 있을 때 필요한 것은 집중력과 용기다. 문제가 생겼다고 두려움에 빠질 게 아니라, 성공인의 기쁨을 누리기 위해 강한 열정으로 해결해야 한다. 불가능을 가능으로 만들어가는 것이 진정한 힘과 능력이다. 자신의 일에 집중할 때 최대의 효과를 나타낼 수 있다.

에디슨은 그의 삶 동안에 자신의 이름으로 전구, 축음기, 전화기, 영화 촬영 카메라 등 1,093개의 특허를 출원했다.

그는 자신이 이룩한 업적에 대해 이렇게 말했다.

"나는 우연히 가치 있는 일을 한 것이 아니다. 그것들은 모두 집중력을 통한 노력에 의해서 만들어졌다."

우리는 매사를 부정적이고 비관적으로 생각할 것이 아니라 긍정적이고 낙관적으로 생각해야 한다. 절망의 끝을 새로운 시작이 되게 해 삶의 최대 전환점으로 만들어야 한다. 마음을 집중하지 못하면 나약해진다. 자신의 일에 집중하면 용기를 얻을 수 있다. 어떤 일이든지 성공하기까지는 여러 가지 힘든 일이 일어난다. 이러한 어려움을 이겨내기 위해서는 딴생각을 하지 않고 오직 현재의 일에 최선을 다하는 것이 중요하다.

사소한 일로 마음이 상하거나 아플 때, 그만두고 싶을 때에도 집중해서 일하면 그런 생각을 다 떨쳐버릴 수 있다. 집중할 때 스스로도 자신이 강해진다는 것을 느낄 수 있다. 강한 정신력을 가지면 집중하고 몰입할 수 있는 능력이 생긴다. 어떤 문제든지 문제점을 잘 파악해 집중해서 해결해나가면 쉽게 해결할 수 있는 길이 열린다. 문제점을 파악하지 못하고 달려들면 제대로 해결하지 못하고 빗나갈 수 있다.

문제가 있을 때 지혜로 해결해야 한다. 마음만 급해지면 안 된다. 마음을 집중하여 차분하게 생각하고 조언과 자문을 구해야 한다. 문제가 있어야 변화도 있다. 문제가 있다고 포장하거나 덮어두면 안 된다.

문제의식이 있는 사람이 계속 발전하고 성공으로 도약할 수 있다. 그러므로 문제를 해결하는 기쁨과 자신감 속에 살아야 한다. 문제를 감정으로 해결하는 것이 아니라 지혜로 해결해야 한다.

폴 마이어는 성공의 비결에 대해 이렇게 말하고 있다.

"모든 것을 실현하고 달성하는 열쇠는 목표 설정이다. 나에게 어떻게 해서 성공했느냐고 묻는다면 나의 성공의 75%는 목표 설정에 있었다고 단언할 수 있다. 인간은 현재의 얼굴과 바라는 얼굴의 두 얼굴을 가지고 있는데, 이 두 얼굴은 대체로 겹쳐지지 않는다. 그래서 불평불만이 나오고 결국은 실패의 비극을 맛보게 된다. 단순한 꿈과 목표는 다르다. 꿈은 정적인 생각이고 목표는 동적인 행동이다.”

삶의 목표가 분명하고 정확해야 확실하게 이루어갈 수 있다. 몸과 마음이 건강하고 가정이 평화로우면 몸이 건강하기 위해서는 적절한 운동이 필요하고, 가정이 평화롭기 위해서는 서로의 보살핌과 뜨거운 사랑이 절실하게 요구된다.

사람들은 자신에게 맡겨진 일이 많아지면 투정을 부리기 쉽지만 하나하나 집중해 순차적으로 해결해나가면 일이 생각보다 빨리 해결되는 경우가 많다. 겁내지 말고 뛰어들어야 한다. 자신의 일에 집중하고 자신의 일에 최선을 다하는 사람은 앞서 가게 되어 있다.

스페인의 위대한 바이올린 연주가인 사라사테를 두고 한 비평가가 “사라사테는 천재”라고 말했다.

이 말을 들은 사라사테는 이렇게 말했다.

“천재라니요! 나는 지난 37년 동안 하루에 14시간씩 연습을 했습니다. 그런 것을 생각하지 않고 천재라고 말할 수는 없습니다.”

사라사테는 자기를 19세기 최고의 바이올린 연주자로 만든 것은 자기의 천재성이나 타고난 재능만이 아니라는 점을 잘 알고 있었다. 그를 만든 것은 매일 쉬지 않고 꾸준히 연습하는 습관이었다.

곤충학자 장 앙리 파브르는 날벌레들의 생태를 주의 깊게 관찰하던 중에 매우 중요한 사실을 발견했다. 그것은 날벌레들은 아무런 목적도 없이 무턱대고 앞에서 날고 있는 벌레만 따라서 빙빙 날아다닌다는 것이었다. 앞에 있는 다른 벌레가 돌면 어떤 방향이나 목적지도 없이 따라서 그냥 돌았다. 바로 밑에 먹을 것을 가져다 놓아도 거들떠보지 않고 계속 돌기만 했다. 이렇게 무턱대고 7일 동안이나 계속해서 돌던 날벌레들은 결국엔 굶어 죽고 말았다.

확실한 목표가 있는 사람은 눈동자가 살아 있다. 우리가 삶을 살아가는 데 있어 목표는 생명의 물과 같다.

그러나 대부분의 사람이 확실한 목표를 갖지 않고 방황하며 삶을 낭비한다. 통계자료에 따르면 파브르가 관찰한 날벌레 같은 모습으로 아무런 목표 없이 살아가는 사람이 전체 인류의 87%에 이른다고 한다. 목표가 분명하지 않은 사람은 기회가 주어져도 그 기회를 놓치고 만다. 기회가 와도 잡지 못하고 계획도 세우지 못하며 사는 것은 날벌레와 같은 삶을 살아가는 것이다.

살아가면서 문제의 답을 못 찾았을 때에도 실망하지 말고 집중해야 한다. 과거의 성공에 너무 집착하면 앞으로의 도전에서 실패하게 된다.

세상은 날마다 변하고 있다. 과거에 성공한 사람이 오늘은 실패할 수 있고, 오늘 실패한 사람이 내일은 성공할 수 있다. 문제를 혼자 해결하는 것보다 다른 사람들과 함께 해결하는 방법도 있다. 단순한 자존심이나 고집 때문에 실패해선 안 된다. 우리는 진정한 삶의 가치를 알고 살아가야 한다.

좋은 습관 길들이기

- 모든 일을 긍정적으로 받아들여라. 걱정하는 습관은 과감히 버려라.
- 상쾌한 기분으로 아침을 시작해라.
- 비관적인 생각은 버리고 낙관적으로 생각해라.
- 좋은 사람들과의 유익한 만남을 통해 기분 좋은 대화를 나눠라.

16 장애를 극복해라

"현대인은 모두 장애인이다"라고 할 정도로 수많은 사람이 장애와 어려움 속에서 살고 있다.

프랭클린, 루스벨트, 헬렌 켈러, 윈스턴 처칠, 알베르트 슈바이처, 마하트마 간디, 아인슈타인 등을 비롯한 전 세계 300명의 지도자를 대상으로 조사한 결과, 4분의 1이 시각 장애, 청각 장애, 소아마비의 장애를 가지고 있었다는 것이 밝혀졌다. 나머지 4분의 3 중에서도 어린 시절에 학대를 당했거나 빈곤한 가정에서 자란 사람이 많았다. 하지만 그들은 그런 상황에 낙담하기보다는 새로운 도전을 해 성공적인 삶을 만들어냈다. 결국 누가 자신이 처한 어려움 속에서 당당히 살아가느냐가 성공의 비법이라고 할 수 있다.

힘든 고통을 이겨낸 사람이야말로 진정한 승리자다. 사람은 누구나 약점과 단점을 가지고 있다. 자기의 부족을 비극으로만 생각하는 사람은 불행한 삶을 살아간다. 자신이 무능한 존재가 아니라 능력이 있는 존재라는 사실을 깨달을 때 변화는 시작된다.

올바른 자기 인식을 통해 삶의 목적을 분명하게 가져야 한다. 자기 확신은 자신을 강하고 담대하며, 성실하고 부지런한 사람으로 만들어준다.

자신이 해야 할 일을 깨닫는 사람은 위대한 일을 할 수 있다. 마음속에서 근심을 몰아내고 마음을 넓혀야 한다. 열린 마음을 가져야 힘 있고 강하게 살아갈 수 있다.

크고 훌륭한 일을 이루어내고 싶다면 어떤 상황, 어떤 처지에서도 변명하고 불평하고 짜증을 내기보다는 성실한 삶을 살려는 노력이 필요하다. 자신의 장애를 극복할 수 있는 올바른 정신과 용기와 즐거운 마음을 가져야 한다.

올바른 정신을 가지고 있으면 능력을 나타낼 수 있다. 모든 것은 원하고 바라는 데서부터 시작한다. 성공 여부도 마음먹기에 따라 달라진다.

포드 자동차 회사에 두 청년이 신입 사원으로 들어왔다. 한 청년은 명문대학을 나왔고, 다른 청년은 많이 배우지 못했다. 그런데 두 청년에게 똑같이 견습공의 직무가 주어졌다. 명문대학을 나온 청년이 억울하다는 생각에 상사를 찾아가 말했다.

"저는 명문대학을 나왔습니다. 그런데 학교라고는 전혀 다녀보지 못한 사람과 같은 일을 하다니 이해할 수 없습니다. 혹시 무슨 착오가 있었던 것 아닙니까?"

이 말을 들은 상사가 말했다.

"나는 당신의 학력을 보고 채용한 것이 아니라 실력을 보고 채용했습니다. 그러니 당신이 실력이 있다면 곧 원하는 자리를 얻을 수 있을 것입니다."

얼마 후 불만이 가득한 이 청년은 스스로 회사를 그만두었다. 그러나 열심히 일을 한 다른 청년은 마침내 포드 자동차 회사의 공장장이 되었다.

못 갖춘 것이 장애가 아니라 갖추고도 제대로 하지 못하는 것이 더 큰 장애다.

파스칼은 이렇게 말했다.

"눈을 뜨고 있는 사람에게는 밤이 길다. 지친 몸으로 걷는 사람에게는 십 리 길도 멀다. 인생이 짧다고, 괴롭다고 하는 것도 이와 같은 이치다. 편히 잠든 사람에게는 밤이 길지 않다. 지치지 않은 다리로는 십 리 길이 아니라 백 리 길이라도 멀지 않다. 인생이 짧다고 한탄하는 사람은 대개 그 일생을 허송세월했던 것이다. 인생이 괴로우냐 즐거우냐 하는 것은 그 사람 자신이 어떻게 처신했느냐에 달린 문제다. 결국 나를 구원할 수 있는 것은 '나' 자신뿐이다. 내 몸을 내가 구하지 않고 그 누가 구원할 수 있단 말인가? 참을 때 참고, 나갈 때 나가고, 물러설 때 물러서고, 적절히 자신의 행동을 조절할 수 있는 힘만이 나의 빛이다. 불행의 원인도 늘 자신에게 있다. 몸이 굽으니 그림자도 굽다. 어찌 그림자 굽은 것을 한탄할 것인가? 나 이외에는 아무도 나의 불행을 치료해줄 사람이 없다. 행복을 나 자신이 만드는 것과 같이 불행도 나 자신이 만들 뿐이요, 또 치료할 수 있을 뿐이다."

자신의 불행을 원망하며 그 원망을 가슴 가득히 안고 살아가는 사람은 절대로 불행에서 벗어날 수 없다.

미국에서 대통령을 네 번이나 지낸 사람은 루스벨트뿐이다. 루스벨트는 골수염으로 다리를 못 쓰는 지체 부자유자였다. 그가 대통령이 되기 전 하루는 쓸쓸한 목소리로 아내에게 물었다.

"여보! 이처럼 불구인 나를 아직도 사랑하오?"

이 말을 들은 그의 부인이 말했다.

"그럼요. 저는 당신의 다리, 당신의 숨결, 당신의 모든 것을 사랑할 뿐 아니라 당신의 인생과 미래까지도 사랑합니다."

루스벨트는 이 말에 용기를 얻어 역경을 극복하고 4선 대통령으로서 미국의 경제공황을 타개하고 민주주의를 정착시키는 위대한 업적을 남겼다.

장애를 가졌다면 자신의 고통을 비관하기보다는 그것을 딛고 일어서는 용기가 필요하다. 비관하고 있으면 슬픈 일만 생기는 법이다. 불행에 빠져 있으면 절망스러운 일이 꼬리를 물고 생긴다. 절망의 생활을 청산하고 희망을 가지고 살아가야 한다. 자신의 열정을 쏟을 곳을 찾아내야 한다. 그리고 온 마음을 다해 열정을 쏟아야 한다.

프랑스 작가 프루스트가 이렇게 말했다.

"행복은 육체를 위해서는 고마운 것이지만 정신의 힘을 기르는 것은 슬픔이다."

자신에게 슬픔이 있는 만큼 기쁨을 원하는 것은 사람의 당연한 마음이다. 그러나 고통을 극복해야 더 큰 성공을 할 수 있다.

우리는 심리적으로 언제나 긴장하며 살아가야 한다. 능력을 항상 준비해야 한다. 불필요한 걱정이나 히스테리에 빠져 마음이 산란해지지 않도록 건강한 정신을 길러야 한다.

실패로 생활이 어려워져도 그에 굴복하지 않는 마음의 자세가 필요하다. 질병에 걸렸을 때나 재난을 당했을 때 당황하지 않도록 늘 준비된 마음이 필요하다. 평소에 마음의 훈련을 하며 살아가는 사람은 나이가 들수록 더 여유 있게 살아갈 수 있다. 선악을 분별해야 하고 사사로운 이익에 사로잡히지 말아야 한다. 어떤 상황에서도 흔들리지 않고 대처할 수 있는 굳건한 마음을 가져야 한다.

윌 슈츠는 이렇게 말했다.

"인간의 행동을 결정짓는 기본 원리는 자기 자신을 어떻게 생각하고 평가하느냐에 달려 있다. 만약 자기 자신이 높은 자긍심을 갖는다면 이후의 행동은 자동적으로 변하게 된다. 예컨대 '나는 유능하다'는 자신감을 가질 때 더는 변명이나 늘어놓는 소극적인 자

세를 취하지 않게 되고 주위의 비판에 일일이 신경 쓰는 소심한 성
향도 사라지게 될 것이다."

초등학교에 다니던 한 소년이 어느 추운 겨울날 아침에 형과 교
실에서 난로를 피웠다. 그때 석유통을 넘어뜨리는 바람에 난롯불
이 마룻바닥에 옮겨 붙었다. 그 일로 인해 소년은 형을 잃었고,
그 자신은 온몸에 화상을 입게 되었다. 병원에서 깨어났을 때 의
사는 다리의 화상이 심해서 다리를 잘라야 한다고 말했다. 소년
은 평생을 누워서 살아도 좋으니 다리만은 자르지 말아달라고 애
원했다. 소년은 다리 수술을 하지는 않았지만 침대에 누워서 지
내야만 했다.

그러던 어느 날 소년은 어머니에게 침대에서 일어나고 싶다고
말했다. 아버지와 어머니가 양쪽에서 붙들어 간신히 소년을 일으
켜 세웠다. 그의 다리는 부서진 인형의 다리처럼 덜렁거렸다. 그
날부터 소년은 서는 연습을 했다.

소년은 몇 번이고 쓰러지면서도 이를 악물고 다시 일어섰다. 그
리하여 마침내 혼자 힘으로 일어설 수 있게 되었다. 그 후 소년은
걷는 연습을 시작했다. 아기 걸음마처럼 간신히 한 걸음 한 걸음 떼

던 걸음은 차츰 나아졌다. 또 다리를 튼튼하게 하려면 달리기를 하라는 글을 읽고는 달리기를 시작했다. 넘어지고 또 넘어지면서도 그는 달리기를 그만두지 않았다. 어디를 가든지 그는 달려서 갔다.

그렇게 달리던 소년은 학교 달리기 시합에서 1등을 했다. 이어 각종 육상 경기에 나가 우승을 했다. 마침내 그는 미국에서 열린 1마일 달리기 대회에서 세계 기록을 세웠다. 1936년에는 베를린 올림픽 육상 1,500미터 부문에서 은메달을 땄다. 이 사람이 바로 글렌 커닝엄이다.

장미 덩굴에 가시가 있다고 불평할 수도 있지만 가시덩굴에 장

Tip

헬렌 켈러 어록

◉ 나는 눈과 귀와 혀를 빼앗겼지만, 내 영혼을 잃지 않았기에 그 모든 것을 가진 것이나 마찬가지다.

◉ 고개를 숙이지 마라. 정면으로 세상을 바라봐라.

◉ 고통의 뒷맛이 없으면 진정한 쾌락은 없다.

◉ 행복의 한쪽 문이 닫히면 다른 쪽 문이 열린다.

미가 피었다고 기뻐할 수도 있다. 고통이 있을 때 자신의 손가락을
깨물기보다는 손가락이 가리키는 앞을 보며 나가는 것이 중요하
다. 자신감을 불러들이는 습관을 가져야 한다. 자신의 고통의 틀
을 깨고 나가야 한다. 고통이 있더라도 낙심해서는 안 된다. 고통
의 언덕을 넘으면 희망이 있다. 파도가 있기에 잔잔한 바다가 더
아름다운 것이다. 피맺힌 한을 가슴에 담고 살아가기보다는 삶을
사랑하며 극복해나갈 때 자신은 물론 주변 사람에게도 희망을 줄
수 있다.

17 행복을 즐겨라

"행복이란 스스로 만족하는 데 있다. 남보다 나은 점에서 행복을 구한다면 영원히 행복을 얻지 못할 것이다. 왜냐하면 누구든지 남보다 한두 가지 나은 점은 있지만 남보다 열 가지가 뛰어날 수는 없기 때문이다"라고 알랭이 말했다.

행복한 사람들은 언제나 즐겁게 살아간다. 조깅을 하는 사람을 보면 대부분 얼굴이 밝다. 열심히 일하는 사람들을 보면 얼굴이 밝다. 어떤 일이든지 최선을 다하는 사람들은 일을 즐겁고 기쁘게 하는 사람들이다. 일을 즐겁게 하면 아픔과 고통에서 벗어날 수 있다. 항상 신경질적이고 불평과 불만이 많은 사람은 일을 효과적으로 해내지 못한다.

사람이 행하는 모든 일은 마음에서 시작한다. 일을 즐겁게 하면 기분이 상쾌해진다. 일의 능률도 높아진다. 일을 즐겁게 하는 사람을 바라보고 있으면 덩달아 기분이 좋아진다. 일을 즐겁게 하면 피곤이 덜 찾아오고 삶이 행복해진다. 일을 즐겁게 하는 사람에게는 좋은 기회도 더 많이 찾아온다.

일을 지겹게 생각하는 사람은 불평과 불만을 점점 더 갖게 되고 쉽게 다른 사람을 원망하게 된다. 일을 즐겁게 하지 않으면 아무런 보람도 의미도 찾지 못해 마음이 공허해지고 만다. 일을 즐겁게 하는 사람은 가정생활과 직장 생활, 그리고 대인 관계도 즐겁고 원만하게 잘 이루어간다. 우리는 단 한 번뿐인 이 소중한 삶을 즐겁게 살아가야 한다.

삶이 즐거우면 모든 일이 잘된다. 즐겁게 살아가는 사람에게는 불행도 쉽게 찾아오지 않는다. 그러나 늘 불만과 불평을 안고 살아가는 사람에게는 불행이 찾아올 확률이 높다.

일을 즐겁게 하면 다급하고 어려운 일이 일어날 때도 대처할 수 있는 능력과 마음의 여유가 생기며, 긴장감이 풀어지고 목표 달성에 도움이 된다.

　자동차왕 헨리 포드는 농촌에서 태어났다. 16세에 디트로이트로 가서 위대한 발명가 토머스 에디슨이 세운 회사에 직공으로 취업했다. 헨리 포드는 열심히 일해 회사에서 인정을 받았다. 한번은 에디슨을 만날 기회가 있었다. 그는 에디슨에게 한 가지를 물어보았다.

"가솔린 엔진이 기계를 돌릴 수 있습니까?"

에디슨이 대답했다.

"돌릴 수 있네."

이 한마디의 말에 헨리 포드는 자동차 엔진을 만들기 시작해 수없는 실패를 거쳐, 연구를 시작한 지 13년 만에 자동차 엔진을 만들어냈다.

헨리 포드는 80세 생일을 축하하는 자리에서 이렇게 말했다.

"살아오는 동안 나는 허황된 계획을 꾸민 적도 있었고 실현 불가능한 꿈을 가진 것도 있었습니다. 그러나 아내는 한 번도 불평하거나 의심하지 않았을 뿐만 아니라 언제나 나를 믿어주었습니다. 오늘 내가 있을 수 있는 것은 바로 그렇게 믿어준 아내 덕입니다.

그리고 그것이 나의 가장 큰 기쁨입니다.”

우리는 자신이 가지고 있는 것을 소중하게 여겨야 한다. 도전 정신과 자신이 삶의 주인공이라는 확신을 가지고 살아가는 것이 매우 중요하다. 이 세상에서 자신의 삶을 가장 재미있고 즐겁고 멋지게 살아가는 것을 싫어할 사람은 단 한 사람도 없을 것이다.

그러나 그렇게 살아가는 방법은 스스로 만들어야 한다. 막연하게 열심히 살거나 목적 없이 부지런하기만 한 것은 아무런 결과를 만들어낼 수가 없다.

삶이 무미건조하면 활력을 잃어버린다. 인생은 연극과 같다. 잘 연출해서 멋진 무대를 만들어야 한다. 우리가 그 멋진 무대의 주인공이 된다면 얼마나 좋겠는가. 우리는 남에게만 박수 칠 게 아니라 우리도 박수를 받을 수 있도록 멋진 삶을 살아야 한다.

다른 사람을 도와주고 자신이 가진 것을 나누어주고 서로 함께하는 삶은 참으로 즐거운 삶이다.

로버트 루이스 스티븐슨은 “행복한 사람을 만나는 편이 5파운드짜리 지폐를 줍는 것보다 행복하다”라고 말했다. 즐거운 마음과 행복한 얼굴을 남에게 보여주어야 한다. 그러나 남에게 보여주기

위해서는 먼저 스스로가 행복을 즐겨야 한다.

자신의 능력을 충분히 잘 살리는 사람은 언제 어디서나 즐겁게 살아간다. 어느 곳에 있더라도 재미있는 것을 찾아내고 기쁨을 만들어낸다. 삶을 즐겁게 살아간다면 생활이 훨씬 더 변화무쌍하고 활력이 넘치게 될 것이다.

일을 할 때 좋아하는 음악을 듣거나 노래를 흥얼거리면서 즐겁게 하는 사람들을 보면 저절로 즐거워진다. 삶은 그런 것이다. 자신이 즐겁게 살려고 노력하고 그 즐거움 속으로 빠져 들어야 한다.

삶에 즐거움이 없는 사람은 항상 근심과 걱정 보따리를 끌어안고 살게 되고 심하면 우울증까지 앓게 된다. 근심은 "일어날지도 모르는 일에 대한 터무니없는 염려"다. 사건의 결말을 기다리는 동안 근심은 서서히 효력을 드러내 기쁨을 감소시킨다.

스트레스는 근심보다 더 심각한 것이다. 스트레스는 "우리가 변화시키거나 조정할 수 없는 상황, 즉 우리 통제 밖에 있는 것에 대해 심하게 긴장하는 것"을 말한다. 문제는 우리 스스로 마음에 동요를 일으킨다는 것이다. 지속되는 동요 속에서 스트레스는 더 무겁게 느껴진다.

근심이나 스트레스와 마찬가지로 두려움은 어떤 일을 사실보다

과장시킨다. 위험, 불행, 또는 고통이 있을 때 느끼는 무서운 불안 정감이다. 기쁨을 빼앗는 이런 것들에게서 자유롭기 위해 우리는 삶을 즐기고 자신감 있게 살아야 한다.

우리는 맡은 일을 즐겁게 해야 한다. 그리고 함께 일하는 사람들이 즐겁게 일할 수 있도록 분위기를 만들어주어야 한다. 다른 사람이 하기 싫어하는 일을 억지로 하게 해서는 안 된다. 다른 사람들도 모두가 자신이 성공하기를 원하며 남들의 인정을 받고 싶어한다. 그러므로 함께 즐겁고 기쁘게 일하려면 함께 일하는 사람들의 가치와 잠재력을 인정해주어야 한다. 그들을 칭찬해주고 이해해주고 인정해준다면 그들도 기대에 어긋나지 않게 즐거운 마음으로 함께 일해줄 것이다.

언제나 꾸밈없이 솔직하게 대하고 자연스럽게 다가가고 마음을 구체적으로 보여주어야 한다. 이는 자신감 있는 사람들이 살아가는 바른 삶의 모습이다. 자신감 있게 살아가는 사람들의 모습은 다르다. 삶을 즐겁게 살며 앉는 자세가 바르고 눈동자에서 빛이 난다. 말이나 음성 표현이 정확하며 걸음걸이가 단정하고 부지런하다. 그리고 약속을 철저하게 지킨다.

우리가 하고자 하는 일을 즐겁게 한다면 우리 주변 사람들도 행복해진다. 그리고 그들도 기쁨으로 동참한다. 웃음과 사랑과 행복은 전염되는 것이다.

일을 즐겁게 하려면 이 일은 내가 할 일이라고 생각하고, 일을 끝마쳤을 때의 보람을 그려봐라. 일을 통해 좋아하고 기뻐할 사람들을 생각해라. 요령이나 핑계를 대지 않고 언제나 최선을 다한다면 일 속에서 그 자체의 즐거움과 함께 알찬 결실을 얻을 수 있을 것이다.

즐겁게 살며 즐겁게 일하는 방법
- 김석봉 사장(석봉토스트)

- 아침에 일어나면 "오늘은 좋은 날!" 하고 크게 외쳐라.

- 가슴을 펴고 당당히 걸어라.

- 마음 밭에 사랑을 심어라. 그것이 자라나서 행운의 꽃을 피운다.

- 세상을 향해 축복해라. 세상도 나를 축복해준다.

- 밝은 얼굴을 해라. 얼굴이 밝은 사람에게 밝은 운이 따른다.

- 힘들다고 고민하지 마라. 정상에 가까울수록 힘이 들게 마련이다.

- 끊임없이 자신을 갈고닦아라. 게으르면 녹이 슨다.

- 사람을 존중해라. 사람이 문이고 길이다. 그 가슴이 열리고 뛰게 해라.

- 끊임없이 베풀어라. 샘물은 퍼낼수록 맑아진다.

- 어떤 일이 있어도 기죽지 마라. 기가 살아야 운도 산다.

- 밝고 힘찬 노래를 불러라. 그것이 성공 행진곡이다.

- 꿈을 잃지 마라. 푸른 꿈은 행운을 만드는 청사진이다.

- 말로 상처를 입히지 마라.

- 자신을 먼저 사랑해라. 내가 먼저 나를 사랑해야 남을 사랑할 수 있다.

- 마음을 활짝 열어라.

- 모든 일에 감사해라. 감사하면 감사할 일이 생긴다.

18 신뢰감을 잃지 마라

"신뢰는 인생을 성공으로 이끄는 근원이다"라고 조지 싱이 말했다.

신뢰는 가치가 있다. 그러므로 신뢰를 얻기 위해서는 믿음을 주는 행동을 해야 한다.

신뢰는 성공을 이루어내는 힘이 있다. 신뢰를 받는 사람은 얼굴을 펴고 산다. "얼굴이 형편없이 쪼그라들었다"라는 말을 들었다면 이미 실패의 어두운 그림자가 파고든 것이다. "그 사람 얼굴이 활짝 폈다"라고 한다면 성공 가도를 달리고 있다는 말이다. 삶을 당당하게 살아가는 사람들을 봐라. 얼굴이 환하고 혈색이 잘 돌고 있다. 자신이 할 수 있는 일에 최선을 다해야 한다. 삶을 원하는 대로 펼쳐나가려면 강하고 담대하게 단단히 무장을 해야 한다.

신뢰를 얻으려면 절대로 자신의 손실을 두려워하지 말아야 한다. 항상 새로운 것을 향해 도전하며 현실에서 도피하지 말고 맞서야 한다. 이 세상의 어떤 일도 손쉽게 이루어지지 않는다. 열정을 가지고 뛰어들지 않으면 아무것도 손에 잡을 수 없다.

우리는 무한한 잠재 능력을 가지고 있다. 이 능력은 저절로 나타나는 것이 아니다. 자신이 스스로 드러내야 한다.

세계적인 영웅 나폴레옹이 "내 사전에 불가능은 없다"라고 외치면서 전쟁에서 승리할 수 있었던 것은 자신감을 가지고 자신의 능력을 최대한 발휘했기 때문이다. 자신의 능력이 발휘되면 그 능력은 점점 더 커지고 용기가 생긴다. 이 세상에 두려울 것이 없다는 확신 속에서 삶을 마음껏 펼쳐나가야 한다.

지금 곁에 있는 사람과 주먹을 꽉 쥐고 악수를 해봐라. 악수가 되는가? 손을 펴야 악수를 할 수 있다. 좁은 마음으로 웅크리고 살면 아무것도 할 수 없다. 성공하기를 원한다면 마음을 활짝 열고 넉넉한 마음으로 살아야 한다.

이 세상의 모든 것은 변화한다. 그리고 변화되기를 원한다. 우리의 삶도 마찬가지다. 자신감을 가지고 끊임없는 변화를 일으켜야 한다. 신뢰할 수 있다면 구체적인 계획을 세워 이루어가자. 자신감을 가지고 힘차게 살자.

우리는 환경이나 조건 때문에 자포자기하는 일이 없어야 한다. 살아 있는 물고기는 물살을 거슬러 올라간다. 그러나 죽은 물고기는 그냥 물살에 둥둥 떠내려가고 만다. 우리도 마찬가지다. 자신감 없이 흐르는 세월을 따라 흘러가듯 살아가는 것처럼 어리석은 사람은 없을 것이다.

우리는 이 시대를 바로 보고, 바로 느끼고, 내일을 그리면서 자신감 있게 살아가야 한다. 다른 사람의 눈치만 보거나 다른 사람을 지나치게 의식하지 말고 성실하고 정직하게, 그리고 당당하게 살아야 한다. 자기 자신을 잘 가꾸는 사람이 자신감을 가지고 일을 추진해나간다.

워싱턴 어빙이 이렇게 말했다.

"위대한 인물에게는 목적이 있고, 평범한 사람에게는 바라는 것만 있을 뿐이다."

성공은 자신의 가치를 인정하는 것에서부터 시작된다. 가치 있는 삶을 살기 위해서는 비전을 가져야 한다. 위대한 목적을 가지고 살아야 한다. 위대한 목적이 있어야 위대한 성공을 만들어낼 수 있다. 성공을 하는 것이 삶의 목표라면 어떻게 행동하고 성취해나가야 하는지를 잘 계획해야 한다. 자신의 능력을 제대로 알고 잘 사용할 줄 아는 사람이 바로 능력 있는 사람이다.

우리의 마음은 방과 같아서 용도에 따라 쓰임새가 달라진다. 방에다 밥상을 가져다 놓으면 식당이 된다. 책상을 가져다 놓고 책꽂이에 책을 꽂으면 공부방이 된다. 방에 방석을 깔아놓고 차를 대접하면 응접실이 되고 이불을 깔면 침실이 된다.

우리의 마음도 무엇을 주장하느냐에 따라 달라진다. 우리의 마음의 방에는 꿈과 비전과 자신감을 넣어두어야 한다.

스스로에게 확신을 갖자. 우유부단한 사람은 실패를 두려워한다. 자신감이 결여되면 가망이 없다는 생각부터 하게 된다. 일의 시작부터 망설이고 두려워하게 된다. 어느 한쪽도 제대로 선택하지 못하고 결국 결단을 하지 못한다.

엘머 데이비스는 이렇게 말했다.

"가장 중요한 원칙은 다른 사람 때문에 겁먹지 않는 것이다."

"실패하면 어떻게 하나?" 하는 걱정과 "잘될까?" 하는 걱정만

하기보다는 "할 수 있다", "해내고야 말겠다"는 자신감이 필요하다. 일을 하면서 피할 길부터 열어둔다는 것은 실패를 먼저 예상한다는 뜻으로, 그만큼 자신이 하는 일에 용기도 능력도 없다는 것을 의미한다.

실패를 극복하고 나면 힘이 생긴다. 우리는 실패에서 많은 교훈과 힘을 얻을 수 있다. 소극적이고 비판적인 사람은 언제나 안 된다는 생각으로 포기부터 한다.

적극적인 성격이 되는 방법이 있다. 그것은 한 가지라도 자신 있는 일부터 시작해나가는 것이다. 자신이 흥미를 가지고 할 수 있는 일을 하는 것이 숙달되고 성숙해지는 지름길이다.

제임스 앨런은 이렇게 말했다.

"내면은 끊임없이 외부로 나타난다. 사람의 마음가짐에 따라 그 사람의 운명이 결정된다. 사람의 생각은 행동으로 꽃이 피고 그 행동은 성품과 운명이라는 열매를 맺는다."

한 남자가 매일 어린 송아지를 들어 올려 신체를 단련했다. 어린 송아지는 나날이 성장해 그 체중이 늘어갔다. 그래도 그는 송아지를 매일 들어 올렸다. 어느 사이에 그는 다 큰 소를 번쩍 들어

올릴 정도의 강한 힘의 소유자가 되었다.

아무리 성격이 쾌활한 사람이라도 실패를 거듭하면 우울증에 빠지게 된다. 작은 성취 속에 자신감을 만들어가자. 작은 성취감이 큰 성취감을 만드는 힘이 되어준다.

겁이 많은 사람은 대체로 자신감이 없다. 우리는 꿈을 성취해나가며 자신감이 넘치는 삶을 살아야 한다.

자신감을 갖기를 원한다면 사람을 만나는 것을 즐겨라. 사람들 속에 성공이 있다. 외톨이가 성공하는 것을 보았는가? 아무런 의미 없는 삶을 사는 사람이 성공하는 것을 보았는가? 친구나 동료가 없는 사람이 진정 성공할 수 있는가? 사람을 자신에게 당겨라! 사람을 좋아해라. 우리가 자신을 가치 있는 존재로 여길 때 자신감은 넘치게 된다.

성공하려면 남을 신뢰하고 남에게 신뢰받는 사람이 되어야 한다. 인간관계에서 서로 간에 신뢰가 밑바탕을 이루면 성공적인 결과가 나온다.

폴 고갱은 이렇게 말했다.

"나는 남을 항상 의심하느니 차라리 믿다가 속는 길을 택하겠다.

속는 고통은 잠깐이지만 의심하는 고통은 끝이 없기 때문이다.”

신뢰는 우리가 삶이라는 사다리를 오르면서 꼭 간직해야 할 주요한 요소다. 신뢰를 받지 못하면 성공할 수 없다. 신뢰는 세상을 좀 더 긍정적으로 살아갈 수 있게 하는 힘의 원천이다. 우리는 신뢰가 무너지지 않도록 노력해야 한다.

신뢰받기 위해 가져야 할 덕목에는 네 가지가 있다. 이 네 가지 덕목을 비행기에 비유한다면 정의로운 것은 엔진에 비유할 수 있다. 곧 추진력이다. 그러나 추진력으로만은 불충분하다. 비행기를 조종할 사람이 필요하다. 신중함이 조종사에 해당한다. 그리고 용기와 절제는 비행기를 띄우는 양쪽 날개에 해당한다. 날개가 없으면 비행기는 추락하듯이 용기와 절제로 균형을 잡지 않으면 결국에는 신뢰가 깨지게 된다.

신뢰를 쌓으려면 정직하고 개방적인 태도를 가져야 한다. 진실만을 말하고 이미 말한 것은 진실이 되도록 노력해야 한다. 할 수 있는 것을 말하고 만약 할 수 없는 이유가 있다면 그 이유를 사람들에게 알린다. 자기 의견을 세웠을 때 그 의견에 반대하는 합리적인 이유가 제시되지 않은 한 다른 사람의 편견에 좌우되지 말아야 한다.

농부의 아내가 하루는 장에 갔다. 그녀는 자신이 가지고 있는 버터를 쌀과 바꾸고 싶었다. 그녀는 곧 쌀 상인을 찾았고 거래는 순조롭게 잘 이루어졌다. 그런데 약 한 시간 뒤에 농부의 아내가 매우 화가 나서 다시 쌀을 판 상인을 찾아갔다.

"여보세요! 쌀이 1킬로그램이라고 하더니 조금 모자라잖아요!"

이 말을 들은 쌀 상인이 놀라서 말했다.

"나는 당신이 1킬로그램이라고 가져왔던 버터의 무게와 똑같이 달아주었습니다."

농부의 아내는 아무 말도 하지 못하고 얼굴이 빨개져서 돌아갔다.

Tip

신뢰받는 사람 되기

- ◉ 말과 행동이 일치해야 한다.
- ◉ 약속을 잘 지켜야 한다.
- ◉ 다른 사람의 말을 잘 들어줘야 한다.
- ◉ 남을 비방하거나 험담해선 안 된다.
- ◉ 자신의 일에 충실해야 한다.

신뢰는 주고받는 것이다. 누구에게든지 신뢰는 한번 잃으면 회복하기가 힘들다. 신뢰는 성공을 만드는 힘이 된다. 신뢰할 만한 이미지를 심어주고 진실되게 행동해야 한다.

19 목표를 분명하게 정해라

목표는 장기적이어야 한다. 단기적인 목표는 일시적인 장애물에 부딪혀도 쉽게 포기하게 된다. 그러나 장기적인 목표는 사소한 문제나 일시적인 장애물에 굴복하지 않고 그것을 극복하여 성취하게 한다.

– 지그 지글러

"목표는 주의를 집중하는 것이다. 인간의 의식은 분명한 목적을 갖기 전에는 목표 달성을 향해 움직이지 않는다. 목표를 설정할 때 성공은 이미 시작되는 것이다. 목표를 설정하는 순간 스위치가 켜지고 물이 흐르기 시작하고 성취하려는 힘이 현실화된다"라고 원 데이비스가 말했다.

인생을 성공으로 이끌려면 목표를 설정하고, 그것에 이르기 위한 그날그날의 실현 가능한 단계를 세우는 것이 첫 번째로 할 일이다. 어떤 일이든 하루아침에 이루어지는 것은 없다. 작은 조각들이 차곡차곡 쌓여야 비로소 목표에 이르는 법이다. 이 사실을 분명히 알고 계획을 세우면 목표는 큰 목표, 중간 목표, 작은 목표로 나눌 수 있다.

이를 달리 평생 목표, 중간 목표, 당면 목표로 표현할 수도 있다. 평생 목표로 무엇을 하겠다는 확고한 믿음이 자리를 잡을 때 주어진 현재의 시간을 어떻게 사용해야 할지 분명해진다. 즉, 온 정신과 노력이 세부적인 목표에 자연스럽게 집중될 수 있다.

레게 아티스트 지미 클리프는 이런 노래를 불렀다.

"그대가 정말로 원하면 가질 수 있네! 그대가 정말로 원하면 가질 수 있네! 하지만 계속 노력해야 한다네! 노력, 노력, 노력, 그러면 마침내 성공하게 되겠지!"

분명한 계획 속에 자신감을 가지고 성공을 만들어간다면 분명히 가슴 벅찬 감동의 순간이 우리에게 다가올 것이다.

마리 퀴리는 이렇게 말했다.

"인생에서 두려워할 것은 아무것도 없다. 그저 우리는 이해하면 되는 것이다."

우리는 두려워하기보다 강한 자신감으로 앞으로 나가서 성취해야 한다. 돌이킬 수 없는 과거를 뒤돌아보며 미련을 갖는 것은 참으로 어리석은 일이다. 우리에게는 내일이 있다.

성공하려면 꿈과 목표를 분명하게 정해야 한다. 자신이 정한 목표와 계획을 향해 모든 열정을 다 쏟아야 한다. 목표를 이루는 것은 그리 쉬운 일이 아니다. 작은 목표를 이룰 때마다 기뻐하고 환호할 수 있는 마음의 여유를 가져야 한다. 성공도 기뻐할 줄 아는 사람에게 찾아온다. 자신감이 있다면 성취감과 책임감을 가지고 성공을 위해 끊임없는 성장과 발전을 거듭해야 한다.

미국의 기업가 폴 마이어가 젊었을 때의 일이다. 그는 대학을 중퇴하고 세일즈맨이 되었는데 늘 하는 일에 실패했다. 그래서 그는 사업에 성공한 사람들을 찾아다니며 어떻게 성공했는지 그 비결을 알아보려고 일일이 면담을 했다. 그는 면담 결과 성공한 사람들에게 다음의 세 가지 공통점이 있음을 발견했다.

첫째, 성공한 사람은 모두 맡은 일에 열심을 다했다. 비록 자기의 뜻과 적성에 맞지 않는 직책이라도 묵묵히 최선을 다해 수행하여 그것으로 인해 성공의 문을 열었다.

둘째, 강하고 뚜렷한 목표를 가졌다. 불타는 꿈과 소원이 놀라운 힘을 발휘하게 하여 목적을 이루고야 말았다.

셋째, 한결같이 밝고 따스한 표정과 친절한 태도로 사람들에게
호감을 주며 친구가 되었다. 좋은 사람을 얻었을 때 그는 성공에
한 걸음 다가설 수 있었다.

우리는 날마다 마음속에서부터 자신의 목표를 확실하게 바라보
아야 한다. 이루고자 하는 목표가 분명한 사람이 그 목표를 현실로
만들 수 있다.

목표가 없는 사람은 아무런 힘도 능력도 없다. 그렇기 때문에 혹
시 행운이 나에게 찾아오지 않을까, 헛된 생각에 빠져 들게 된다.
눈앞에 닥친 일에 대해서도 자꾸만 도피하려고만 한다.

삶에는 때때로 위기가 찾아온다. 위기라는 말의 '위'는 위험하다
는 뜻이고 '기'는 기회라는 뜻이다. 즉, 위기란 위험한 상황이 성공
의 기회가 될 수 있다는 뜻이다. 성공과 실패는 위기에 어떻게 대
처했느냐에 따라 가름 난다.

세계적인 디자이너 루치아노 베네통은 자기만의 색깔로 승부한
멋진 디자이너다. 열두 살에 아버지를 여윈 그는 아버지가 생전에
원했던 의사가 되기 위해 열심히 공부했다. 그러나 가정 형편이
어려워서 돈을 벌지 않을 수가 없었다.

항상 새로운 것을 만들기 좋아하고 새로운 것을 시도하던 베네

통은 어느 날 조각난 천을 엮어 만든 나비넥타이를 매고는 손님들의 반응을 살폈다. 손님들은 의외로 그의 참신한 디자인과 다양한 색상에 많은 관심을 보여주었다. 그는 자신의 감각에 확신을 가지게 되었다. 그리하여 훗날 자신만의 색깔로 '베네통'을 탄생시키게 되었다. 그는 이렇게 말했다.

"뒤따르는 자는 성공할 수 없다."

많은 사람이 지나간 실패에 지나치게 연연해 작은 성공의 소중함을 무시하고 스스로 자신감을 파괴해버리는 때가 있다. 언제나 자신감을 가지고 당당하게 목표를 하나씩 이루어가야 한다. 성공을 달성하기 위해 필요한 구체적인 계획을 머릿속에 가지고 있어야 한다. 그리고 목표 달성을 위해 열정적으로 노력해야 한다.

『올리버 트위스트』를 쓴 영국의 작가 찰스 디킨스는 아버지가 빚때문에 감옥에 들어가는 바람에 어린 나이에 구두를 닦게 되었다. 구두를 닦는 손은 언제나 까맸지만 그의 눈은 희망으로 빛났다.

그는 노래를 부르면서 구두를 닦았다. 사람들이 "구두를 닦는 일이 좋으냐?"라고 물으면 찰스 디킨스는 이렇게 대답했다.

"그럼요, 저는 구두를 닦을 때 희망도 닦고 있거든요!"

어려운 현실 속에서 희망을 닦던 소년은 훗날에 영국을 대표하는 작가가 되었다. 그의 희망이 모든 어려움을 이겨낸 것이다.

목표는 우리의 삶에 참된 의미를 부여해준다. 재벌이 되는 것이든지 운동 경기에서 금메달을 따는 것이든지 남을 돕는 것이든지 삶에서 계획을 세우고 목표를 이루어가는 일은 가치 있는 삶을 살고 싶은 이에게 꼭 필요한 것이다.

목표는 어떤 일을 시작할 때 방향을 선택하고 의사 결정을 하고 행동할 수 있도록 기운을 북돋아준다. 우리가 소중한 것을 가지고 있다면 새롭게 발견해 가치 있게 사용해야 한다.

어느 부자가 소중한 아들의 옷에 값진 보석을 매달아 주었다. 그런데 아들이 가출해 유랑 생활을 하다가 거지가 되고 말았다. 그는 자기의 옷 안에 보석이 있다는 사실은 전혀 모르고 있었다. 몇 해 만에 돌아온 아들에게 아버지가 말했다.

"너는 네 옷 속에 값진 보석을 그냥 두고 왜 거지 노릇을 했느냐?"

아버지의 말을 들은 아들은 그때야 자기 옷섶에서 보석을 발견하게 되었다.

우리가 가지고 있는 능력도 놀라운 보석이다. 이 보석은 우리가 찾아내어 삶에 적용하고 사용할 때 더 큰 가치를 갖게 된다. 자신의 계획이 분명하다면 스스로를 인정하고, 목표를 향해 계획을 이루어가는 자신감 넘치는 모습을 다른 사람에게도 보여줄 필요가 있다. 자신이 가치 있고 중요한 사람임을 행동 속에서 알려주면 사람의 마음을 얻을 수 있다.

성공적인 삶을 살고 싶다면 현재 자신의 위치보다 더 높은 목표를 세워야 한다. 자아의식이 강하면 꿈도 위대해진다. 끊임없는 도전은 강인한 사람이 되게 한다. 그것은 운동 선수들이 훈련을 통해 강한 몸을 만들어가는 것과 같다. 도전은 창조적인 정신과 감상적 근육을 단련시켜준다. 도전과 직관과 열망을 발견하고 긍정적인 믿음을 강하게 하고 필요 없는 공포를 꺾어버려야 한다.

어떤 일이든지 시작하기 전에 계획을 분명하게 세우는 것이 중요하다. 성공한 사람들은 목표를 정확하게 세우고 이루어낸 사람들이다. 성공을 이루려 하는 사람, 성공한 사람의 얼굴을 봐라. 얼마나 확신이 넘치는가를 잘 알 수 있다. 그러므로 실패하더라도 성공을 바라보며 용기를 가지고 적극적으로 나가야 한다. 실패는 극복해야 할 대상이지 결코 두려움의 대상이 아니다. 성공하려면 모험을 두려워하지 말아야 한다. 작은 성공 하나하나가 모여 큰 성공을 만들어내는 것이다.

투수 론 달링은 이렇게 말했다.

"어떤 스포츠든 자신감 없이는 승리할 수 없다. 비록 최고의 선수가 아니더라도 다른 선수들보다 더 낫다는 자신감을 가질 필요가 있다. 투구는 99%가 정신적인 요소로 좌우된다. 체력이 좋고 변화구를 던질 수 있는 투수는 흔하다. 하지만 나는 그것보다 타자를 압도하는 자신감을 갖는 것이 더 중요하다고 생각한다."

자신의 삶에 철저한 계획이 있는 사람은 일을 계획한 대로 단계적으로 이루어간다.

나는 중학교 2학년 때부터 시인이 되고 싶었다. 그리고 책을 내 키만큼 쓰고 싶었다. 이제 그 꿈은 이루어지고 있다. 130권의 책을 세상에 내놓게 되었고 책의 높이가 내가 원하던 내 키만큼 다가오고 있다.

나는 시에 빠져 있다. 매일 시집을 읽고 매일 시를 쓴다. 나는 시를 쓰는 데 나의 모든 열정을 쏟아 붓는다. 꿈을 이루어가는 것은 참으로 행복하고 기쁨이 넘치는 일이다.

목표를 가진 사람에게는 분명한 성과가 눈앞에 보이므로 유혹에 빠지지 않는다. 성공적인 삶을 위한 마음가짐이 중요하다. 자신의 목표에 초점을 맞추어야 한다. 성공을 위해 마음을 다독여야 한다.

Tip

목표에 관한 명언

- 그 무엇도 직선으로 움직이지 않는다. 어떤 목표도 좌절과 방해를 겪지 않고 이루어지는 법은 없다. – 앤드루 매슈스

- 우리의 현재 위치가 소중한 것이 아니라 우리가 가고자 하는 방향이 소중한 것이다. – 홈스

- 분명한 목표를 가져라. 이 목표가 구체적이고도 확실한 것이 될 때까지 갈고 닦아라. 그것을 항상 당신 마음속에 간직해라. 그러면 당신은 어디로 가든지 그것을 잊지 않을 것이다. 목표는 계속적으로 적극적인 생각과 믿음과 행동이 필요하다. 이것이 바로 성공의 길이다. – 노먼 V. 필

20 남을 배려해라

"말 속에 담긴 배려는 자신감을 만들어내고 생각 속에 담긴 배려는 심오함을 만들어내고 베푸는 행동에 담긴 배려는 사랑을 만들어낸다"라고 노자는 말했다.

남을 배려할 줄 아는 사람이 성공한다. 사람은 누구나 다른 사람에게 인정받을 때 행복감을 느낀다. 남을 인정해주면 자신도 인정받을 수 있다. 다른 사람에게 인정을 받으면 활력이 넘치게 된다.

인간관계를 잘하는 사람은 아무리 작은 행동과 말이라도 다른 사람에게 도움이 되도록 한다. 또한 자기에게 이익이 될 것인가를 이 시대는 권리 의식이 팽배해 누구나 자신이 원하는 것을 이루기 위해 모든 권리를 내세우고 자신에게 이익이 되지 않는 일은 절대로 하지 않으려는 경향이 많이 나타나고 있다. 우리가 자기의 이익을 위해 살아가는 것이 나쁜 일은 아니다. 그러나 그것이 지나쳐서 이기심이 되면 인간관계는 실패하고 만다.

원래 이기심이란 누구에게나 있는 것이지만 그것에 대한 생각을 조금만 바꿔 남을 먼저 생각한다면 인간관계에 아무런 문제가 되지 않는다. 우리는 자신을 위해서도 남을 먼저 위하고 인정해줘야 한다. 남을 먼저 인정해주면 그것이 자신에게 이익이 되어 돌아온다.

서부 개척 시대에 미국의 동부에서 서부로 횡단하려면 기차로 쉬지 않고 30일에서 45일을 달려야 했다. 서부에는 황금이 난다고 해서 사람들이 서부로 대이동 하던 시대였다. 사람들이 기나긴 여행에 몹시 지쳐 있는데 도중에 한 남자가 어린아이를 품에 안고 기차를 탔다. 그런데 이 아기가 울기 시작했다. 아무리 달래도 울음을 그치지 않았다. 잠 좀 자면서 쉬려고 했던 사람들이 짜증을 내기 시작했다. 몸은 피곤하고 만사가 귀찮은데 아기가 울어대니까 화가 났던 것이다. 성미가 급한 한 사람이 참다못해 아기를 안고 있는 남자에게 큰 소리로 항의했다.

"여보시오! 아기를 데리고 다니려면 엄마가 데리고 다녀야지 왜 아빠가 데리고 다니는 거요!"

그러자 그 남자는 일어서서 기차 안에 있는 사람들에게 사과를 했다.

"죄송합니다. 제 아이 때문에 피곤하신 여러분이 쉬지 못하게 되었군요. 사실 제 아내가 어제 죽어서 오늘 고향으로 싣고 가는 길입니다. 다음 정거장에서 내릴 것입니다. 여러분 죄송합니다."

우리는 때로는 상대방의 사정과 처지를 알지 못하고 말을 함부로 하는 경우가 있다. 남의 형편을 헤아려주는 넓은 마음을 갖는 것이 중요하다.

토머스 칼라일은 이렇게 말했다.

"가장 악한 사람에게도 많은 선이 존재하고 가장 선한 사람에게도 많은 악이 존재한다. 그러므로 누구라도 다른 사람에 대해 비판

하는 것은 옳지 않은 일이다."

우리는 남을 대할 때 경솔하게 굴어서는 안 된다. 남의 허물을 들추는 것을 낙으로 삼는 사람은 어리석은 삶을 살아가고 있는 것이다. 이 세상은 더불어 살아가는 것이다. 남을 인정해주는 모습은 참 아름다운 모습이다.

배려란 무엇인가?

- 배려란 상대가 원하는 것을 주는 것이다.
- 배려란 받기 전에 먼저 주는 것이다.
- 배려란 날마다 노력해야 하는 것이다

21 친절을 베풀어라

남에게 친절을 베풀어라. 친절을 베풀면 인간관계가 좋아지고 성격이 변화된다. 삶을 긍정적으로 바라보게 되고 행복하게 살 수 있다. 친절을 베풀면 마음이 뿌듯해진다.

남에게 여유 있는 마음으로 친절을 베풀어라. 그러면 자신감이 생긴다. 자신감이 생기면 매사에 활력 있게 일할 수 있다.

사람들은 친절한 사람을 좋아한다. 우리의 삶에서 친절한 사람을 만날 수 없다면 삶은 삭막해질 것이다. 살아가는 재미가 없고 쓸쓸해질 것이다.

우리는 남에게 친절을 원하기 전에 내가 먼저 친절을 베풀어야 한다. 말 한마디, 차 한 잔, 작은 선물 하나가 삶을 아름답고 풍요롭게 만든다.

친절한 사람은 정감이 있다. 순순한 마음으로 남에게 베푸는 따뜻한 마음을 가지고 있다. 친절한 사람은 사람의 인연을 소중하게 생각한다.

남에게 친절을 베풀지 않는다면 큰 성공을 해도 주변 사람들이 진심으로 축하해주지 않을 것이다. 다른 사람에게 친절하게 대하면 성격도 좋아지고 마음도 차분해지고 삶에 대한 느낌이 달라진다. 친절을 통해 사람들의 부드러운 눈빛과 사랑의 눈빛을 만날 수 있기 때문이다.

이 시대는 감성 시대다. 친절은 풍부한 감성을 만든다. 삭막한 삶 속에서도 늘 단비가 내리는 땅처럼 마음을 적셔준다.

식당을 가더라도 주인이 친절하면 그 식당에 자주 가게 된다. 사업을 하는 사람 중에서도 친절한 사람이 사업을 잘한다. 마음이 푸근하고 여유로운 사람이 더욱더 친절하게 사람들을 대한다. 친절은 사람들을 모이게 하고 성공을 이루어가는 발판이 되어준다.

어떤 식당의 주인은 항상 밝게 웃으며 손님을 맞이한다. 그 식당에 손님이 들어서면 주인은 이렇게 말한다.

"손님 오셨습니다. 우리 식당에서 제일 좋은 자리로 안내해주십시오!"

사실 그 식당은 허름한 한옥이라 그 자리가 그 자리다. 하지만 오는 손님 모두에게 식당에서 제일 좋은 자리로 안내해주겠다는 것이다. 식당 주인의 그 한마디가 손님을 아주 기분 좋게 해준다.

이 식당에는 늘 사람들이 모여든다. 음식도 맛이 있지만 친절이 원인이다. 친절은 사람을 모이게 하고 성공을 불러들인다.

친절하지 않은 사람은 편견이 심하고 고집과 아집이 강하다. 불친절은 결국 자신을 외롭게 한다.

우리가 먼저 정직하고 진실하게 마음을 나누면 사람들이 가까이 다가온다. 사람들이 주변에 모이면 자신감이 생길 것이다. 친절하게 대하면 주변 사람들이 자연스럽게 마음을 열고 공감대를 형성하므로 모든 것은 쉽게 이루어질 수가 있다. 친절은 형식적이거나 의식적인 상태에서가 아니라 가장 자연스러운 모습 속에서 이루어진다. 친절은 자신의 마음을 있는 그대로 표현하는 것이다.

윌리엄 보엣커는 이 땅에는 자신에게 주어진 일보다 적게 하는 사람, 자신에게 주어진 일만 하는 사람, 필요한 일을 스스로 찾아서 하는 사람, 자신은 물론 다른 사람들이 일을 하도록 고무하는 사람 등 네 종류의 사람이 있다고 말했다.

친절한 사람은 모든 일에 열심을 다하고 최선을 다한다. 친절을 베푸는 사람은 자신은 물론 다른 사람에게도 삶에 활력을 준다. 그리하여 주변 사람들에게 관심과 사랑과 주목을 받는다.

사람은 누구나 친절한 사람을 좋아한다. 친절은 희생을 각오할 때 이루어지는 것이다. 남에게 친절을 베풀려면 자기희생이 필요하다.

영국 케임브리지대학에서 불이 났을 때의 일이다. 불이 나자 학생들은 모두 다 불을 끄기 위해 줄을 서서 물을 날랐다. 추운 날씨였는데 헤어라는 학생이 물속에 들어가 물을 퍼내는 일을 했다. 원래 허약하고 건강하지 못했던 그를 보고 교수가 물었다.

"여보게, 헤어. 자네는 몸도 허약한데 왜 이렇게 힘든 일을 자청했나?"

헤어는 이렇게 대답했다.

"이 일은 분명 누군가는 해야만 하는 일이기에 제가 먼저 맡았을 뿐입니다."

친절은 자기 자신을 겸손히 낮추는 것이다. 참된 친절은 진실한 마음속에서 우러난다. 가식적인 웃음이나 친절은 곧 그 모습이 드러나고 만다.

우리는 곤경에 처해 있는 사람이나 나약한 사람에게는 친절을 잘 베푼다. 그러나 강한 사람이나 많은 것을 누리는 사람에게는 친절하지 못한 경우가 있다. 도리어 그들의 단점을 찾아 비난하거나 불만을 터뜨리곤 한다.

우리는 위대한 사람은 위대한 사람으로 인정해주어야 한다. 성공을 진심으로 칭찬해줄 수 있는 마음의 여유가 필요하다. 이러한 마음가짐이 자신을 크게 성장하게 한다. 성공하고 싶다면 약자에게나 강자에게나 같은 마음으로 친절을 베풀어야 한다. 이것이 진정한 친절이다.

성공하려면 무엇보다도 강한 의지와 인내심이 필요하다. 그러나 성공하기 위해 더욱 절실하게 필요한 것이 있다. 그것은 다른 사람에게 배려를 아끼지 않고 친절하게 대하는 마음이다. 사람들에게 친절하게 대하면 그들도 좋아하고 함께하기를 원한다.

에머는 "씨를 뿌리면 거둬들여야 한다. 남을 때리면 괴로워하고 시달려야 한다. 사람에게 선을 행하면 너도 선행을 받을 것이다"

라고 말했다.

남에게 친절을 베풀면 자신의 마음이 편안해진다. 그리고 사람들에게 호감을 줄 수 있고 함께 일할 사람을 만나기가 그만큼 쉬워진다. 그러나 때로는 지나친 관심이나 지나친 친절이 사람을 불편하게 할 수 있다는 사실도 기억하고 있어야 한다.

친절을 베풀면 사람들의 마음이 평화로워진다. 그리고 친절을 베푼 사람의 주변에는 언제나 사람들이 함께해준다. 자신의 주변에 사람들이 있다는 것은 얼마나 든든한 일인가.

미국의 카네기 공대 졸업생들을 대상으로 한 조사에서 그들은 이구동성으로 "성공하는 데 전문적인 지식이나 기술은 15%밖에 영향을 주지 않았다. 나머지 85%의 영향을 준 것은 좋은 인간관계였다"라고 말했다.

우리 주위에 성공한 사람들을 보면 보통 하찮다고 생각할 만한 작은 일에도 소홀하지 않고 잘 챙겨서 여러 사람과 좋은 관계를 맺어왔다는 것을 알 수 있다. 친절에는 세 가지의 방문이 있다.

"입의 방문, 손의 방문, 발의 방문"이다.

'입의 방문'은 말로 사람의 마음을 부드럽게 하며 용기를 주는 방문이다. '손의 방문'은 편지를 써서 사랑하는 진솔한 마음을 전달하는 것이고, '발의 방문'은 상대가 병들었거나 어려움에 처해 있을 때 찾아가는 것을 의미한다.

다른 사람들에게 친절한 사람이 성공할 수 있고 큰일을 할 수 있다.

친절은 감동을 준다. 감동을 주는 사람은 오랫동안 기억에 남는다. 좋은 기억은 새로운 만남으로 이어질 때 좋은 관계로 발전할 수 있다.

세네카는 이렇게 말했다.

"남에게 선을 베푼 자는 자기 자신에게도 선을 베푼 자다. 왜냐하면 착한 일을 했다는 의식은 인간에게 최고의 보수이기 때문이다."

Tip

친절을 베푸는 사람

- 친절을 베푸는 사람은 자신의 삶에 자신감이 있다.
- 친절을 베푸는 사람은 마음이 따뜻하고 넉넉하다.
- 친절을 베푸는 사람은 자신의 일에 최선을 다한다.
- 친절을 베푸는 사람은 마음에 여유가 있다.
- 친절을 베푸는 사람은 다른 사람을 사랑하는 마음을 가지고 살아간다.

다른 사람에게 선을 베풀면 나에게도 기쁨이 있다.

세상이 아무리 삭막하다고 하지만 우리 주변에는 착하고 선한 사람이 참으로 많다. 그리고 친절한 사람도 많다. 세상은 바로 그들 때문에 밝아지고 행복해진다.

22 고정관념을 깨라

고정관념에 매달려 있다 보면 그것이 옳다는 사실을 증명할 기회를 자꾸만 스스로 만들어내게 된다. 그러나 일단 한 번만 그 고정관념에서 벗어나게 되면, 계속해서 같은 문제 때문에 같은 교훈을 배울 필요도 없고 인생 자체도 바뀔 것이다.

– 앤드루 매슈스

성공하려면 과감하게 고정관념의 틀을 깨야 한다. 고정관념에서 벗어나면 삶이 즐겁다. "나는 안 된다"는 어리석은 생각을 버려야 한다. 우리는 누구나 가능성을 가지고 있다. 도전해야 한다. 아무런 후회가 없도록 도전하며 살아야 한다. 나약하고 소극적인 사람은 대부분 변명하기를 좋아한다. 적극적인 사람은 쓸데없는 이유나 핑계를 대지 않고 추진력 있게 일을 해나간다.

우리는 잘못된 고정관념의 틀을 깨고 변화된 삶을 살아야 한다. 틀 안에 있는 사람은 그 위치에서 벗어날 수 없다.

미국 육상 선수인 조이너는 이렇게 말했다.

"최고가 되기 위해서는 무엇을 해야 하는가? 집중력을 키우고 끊임없이 연습하며 꿈과 목표를 가져야 한다. 꿈이 있는 사람, 성공하고자 하는 사람이라면 고정관념의 잘못된 틀을 과감하게 깨야 한다. 씨앗이 자신을 깨지 않으면 큰 나무가 될 수 없다. 아무리 좋은 씨앗일지라도 심지 않고 병 속에 넣어두면 수십 년, 수백 년이 지나도 나무가 되지 않는다. 씨앗 그대로 있을 뿐이다."

우리도 잘못된 틀을 깨부수고 자신감 넘치게 살아야 성공을 이룰 수 있다. 사람들은 자기가 해보지 않고 경험하지 않은 것을 잘하지 않으려 하고 두려워한다. 그러나 생각해봐라. 이 세상에 어느 분야의 누구든지 초보자일 때가 있었다. 그러므로 할 수 없다는 고정관념의 틀을 깨야 한다. 알지 못하는 것을 알아가고 하지 못했던 것에 도전하는 자신감이 있어야 한다. 우리는 고정관념을 과감하게 던져버려야 한다.

우리의 몸은 마음의 지배를 받는다. 즉, 불안해하고 초조해하고 긴장하면 고장을 일으킨다. 고정관념은 쓸데없이 얽매여 살게 하기에 때때로 고장을 유발한다. 성질을 내거나 슬퍼하거나 공포심을 느끼거나 걱정을 일삼으면 우리 몸에는 강한 독성을 가진 물질이 생긴다고 한다.

컵에 물이 반만 있을 때 부정적인 사람은 반 컵밖에 안 남았다고 하지만 긍정적인 사람은 아직도 반 컵이나 남았다고 말한다. 부정적인 사람은 남을 비판하기를 좋아할 뿐 스스로 성공을 만들어가려고 하지 않는다. 회사에 출근하자마자 자판기 커피를 뽑아 마시며 처음 만나는 동료를 비난하고 비웃는 사람은 결코 성공하지 못한다. 남을 인정해주는 사람이 자신도 인정받을 수 있다.

잘못된 고정관념을 가지면, 자신에게는 안 되는 일이 너무나 많다고 부정적인 생각을 하게 된다. 일어나지도 않을 일을 쓸데없이 공상하며 걱정한다. 별일 아닌데도 흥분을 잘하고 화를 잘 낸다. 늘 틀에 박힌 생활로 무기력하고, 문제가 생기면 저절로 해결될 때까지 그대로 놓아둔다. 남의 말에 쉽게 의기소침해져서 포기를 잘한다. 게으르고 의욕도 없고 자꾸 움츠러들기만 한다. 다른 사람과 끝없이 비교한다.

고정관념의 틀에서 벗어나 아무리 작은 것이라도 창조적인 일을 해라. 의지와 의욕을 가지고 삶에 새로운 변화를 가져와야 한다.

고정관념은 아무것도 못 하게 하고 도리어 포기하게 만든다. 고정관념의 틀을 깨고 생각을 이동해 행동으로 옮길 때 성공은 새롭

고정
관념

늘 새로운 아이디어를 만드는 사람은 고정관념을 뛰어넘는 사람이다. 틀은 틀만큼의 삶을 허락할 뿐이다. 틀을 깨고 나와야 보다 넓은 세계에서 자신의 꿈과 비전을 마음껏 펼쳐나갈 수 있다.

서아시아를 정복하기 위해 알렉산더가 최정예 부대를 이끌고 히말라야산맥 근처에 이르렀을 때 한 정보 장교가 다가와 걱정스런 표정으로 말했다.

"폐하! 지금 우리는 지도에서 벗어나 있습니다. 더구나 적이 어디에 있는지조차 알지 못합니다. 만에 하나 기습을 당하기라도 하면 우리는 치명적인 피해를 입을 것입니다. 안전한 곳으로 철수했다가 다시 공격해야 합니다."

이 말을 들은 알렉산더가 말했다.

"그런가? 자네 말이 맞을 수도 있겠지. 그러나 분명하게 알아야 하네! 지금 우리는 방어하기 위해서가 아니라 공격하기 위해 이곳에 와 있다는 걸 말일세! 평범한 군대는 이미 알고 있는 땅만 정복하지만 위대한 군대는 미지의 땅을 점령한다네!"

목표를 향해 열심히 노력을 해나가면 성공은 이루어진다. 쓸데없이 고정관념에 사로잡혀서 시간을 낭비하지 말고 과감하게 목표를 향해 전전해라. 성공이 눈앞에 보일 것이다.

Tip

새로운 나로 거듭나기

- 뿌리 깊은 고정관념을 버려라.

- 시련을 두려워하지 마라.

- 집착할수록 멀어진다. 얻으려면 집착하지 마라.

- 과거를 후회하거나 미래를 걱정하지 마라. 오직 현재를 소중히 여겨라.

- 세상을 변화시키려 하지 말고 먼저 나 자신을 변화시켜라.

23 결점을 극복해라

사람은 누구나 결점을 가지고 있다. 자신의 결점을 극복하는 사람이 성공하는 사람이다. 분명하게 알아야 할 것은 이 세상에 완벽한 사람은 단 한 사람도 없다는 사실이다.

사람은 누구나 장점과 단점을 가지고 있다. 자신의 부족한 점이나 단점에 지나치게 신경을 쓰면 점점 더 약해지고 초라해진다. 지나치면 자기를 비하하게 된다. 자신감을 가지고 장점을 부각하고 확대해나가면 결점은 작아진다.

성공을 원하는 사람은 자신의 삶의 의무와 책임을 알기에 더 열심히 살아간다. 열정을 쏟아내면 불가능해 보이는 것도 가능하게 만들 수 있다. 계속 성공을 만들어가려면 이미 이룬 것에만 만족하지 말고 장기적인 꿈을 꾸고 그 꿈을 이루어가야 한다. 언제나 변명이나 포기를 일삼아서는 안 된다. 온몸과 마음을 성공을 향해 집중해야 한다.

자신의 부족함을 알게 되었다면 남을 탓하기 전에 스스로 고쳐 나가야 한다. 남을 탓하기보다 자신의 부족함을 인정하고 장점을 찾아내어 잘 살리면 더 큰 능력을 갖게 되고 마음도 편해진다.

성공하기를 원하는 사람은 언제나 성실하다. 큰 소리로 웃으며 인사를 잘하고 걸음걸이도 힘차다. 악수도 따뜻하게 하고 웃는 모습이 자연스럽다. 여유 있는 모습으로 자신감을 더 크게 만들어간다.

우리는 우리 속에 숨어 있는 엄청난 잠재력을 일깨워야 한다. 잠재력이란 잠자고 있는 숨은 능력을 말한다. 따라서 잠재력을 찾는 것은 우리가 모르고 있었던 능력을 찾아내어 우리의 영역을 넓히는 과정이다. 우리는 장점을 살려 자신감을 만들어야 한다.

자신감은 값진 옷이나 귀금속, 고급 화장품으로 치장한다고 만들어지는 것이 아니다. 어떤 권력이나 지위나 명성으로 이루어지는 것도 아니다. 우리의 마음가짐이 만드는 것이다. 자기 자신을 비하하지 않고 소중하고 가치 있는 존재로 여기는 사람은 자신감이 있다. 언제나 위기를 기회로 바꾸는 적극적인 사고방식으로 살아야 한다.

나폴레온 힐은 이렇게 말했다.

"끝없이 전진하기 위해서는 자신이 가치가 있다고 믿어야 한다. 그리고 많은 것을 받아들여야 한다. 또한 자신이 큰일을 할 수 있다고 믿어야 한다. 그러면 자신의 계획을 실현하게 될 것이다."

약점을 가지고 있다면 극복해나가야 한다. 절대로 다른 사람이 내 약점을 다 고쳐주지 못한다. 약점을 그대로 방치하고 있으면 결정적일 때 실패를 하게 될 수도 있다. 약점을 보완해 강점으로 만들어가야 한다. 부족한 점이나 단점을 끌어안고 근심하거나 걱정만 할 것이 아니라 자신을 새롭게 변화시켜서 활기차게 살아가야 한다.

링컨은 이렇게 말했다.

"내가 할 수 있는 최선의 것, 내가 아는 최선의 것을 실행하고 언제나 그러한 상태를 만족시켜라!"

우리 안에는 무한한 잠재력이 있다. 자신을 절대로 무능하다고 평가하지 마라. 이 놀라운 능력을 발휘할 줄 아는 사람이 되어야 한다.

성공을 하려면 자신의 가능성을 충분히 발휘할 수 있도록 목표를 만들어야 한다. 목표와 열정이 없이는 아무런 결과도 만들어낼 수 없다.

자신이 가지고 있는 장점을 잘 찾아 나타내면 그만큼 당당하게 살아갈 수 있다. 장점을 살려 최대한 능력을 발휘한다면 자신도 깜짝 놀랄 만한 엄청난 일을 해낼 수 있다. 자신감은 성공을 꽃피우고 풍성한 열매를 맺게 한다.

토머스 제퍼슨은 이렇게 말했다.

"나는 행운을 신봉하는 사람을 안다. 그리고 열심히 일할수록 더 많은 행운을 얻는다는 것을 안다."

우리의 삶은 언제나 고통과 고난의 연속이다. 날마다 자신을 점검하고 단련할 때 성공할 수 있다. 현재의 갖가지 어려움은 당장은 나를 힘들게 하는 것처럼 보이지만 나중에는 나를 새롭게 변화시켜 더욱 발전시키는 좋은 밑거름이 된다. 수많은 난관에 부딪히더라도 성공을 만들어가는 기쁨으로 그 난관을 받아들여라. 실패를 해본 사람이 더욱 값진 성공을 할 수 있다.

제임스 롱이 이렇게 말했다.

"하느님이 시간을 창조한 이유는 과거의 실패를 묻어둘 장소를 마련하기 위해서다."

실패한 과거의 시간을 붙잡고 있지 말고 내일을 바라봐야 한다.

시련과 고통을 이겨낸 사람은 모든 것을 이루어갈 능력을 소유하게 된다. 또 성공한 사람들은 대부분 절망과 고통을 이겨낸 사람들이다. 우리는 어려운 일을 만나면 초조해지고 나약해진다. 이럴 때 자신감을 가지고 적극적으로 뛰어들어 자신의 힘과 능력을 모두 발휘해야 한다.

많은 사람이 자신에게 한계가 있다고 생각하고 하던 일을 중도에 포기한다. 이것은 스스로 자신의 영향력을 제한하는 것이다. 큰 성공을 이루는 사람은 자기 자신의 장점을 살리고 자기의 능력을 발휘하고 열정을 쏟아서 더 힘차게 최고의 성과를 이루어낸다. 자신의 능력을 발휘하기도 전에 포기하는 것은 스스로 실패에 다가가는 것이다.

키케로가 말하는 인간이 극복해야 할 결점

- 자기의 이익을 위해서라면 남을 희생시켜도 된다고 생각하는 것.

- 변화나 수정이 불가능해 보인다고 걱정만 하는 것.

- 어떤 일은 도저히 성취할 수 없다고 생각하는 것.

- 사소한 애착이나 기호를 끊지 못하는 것.

- 마음의 수양이나 자기 계발을 게을리 하고 독서와 연구하는 습관을 갖지 않는 것.

- 자기의 사고방식이나 행동양식을 남에게 강요하는 것.

24 열등감을 버려라

"열등감과 우월감은 동전의 양면과 같다. 해결책은 동전 그 자체가 가짜라는 사실을 깨닫는 것이다. 진실은 이것이다. 우리는 열등하지 않다. 우리는 우월하지도 않다. 우리는 그저 우리 자신일 뿐이다"라고 맥스웰 왈츠가 말했다.

삶을 변화시키기를 원한다면 열등감을 버려라. 우리는 자기 자신, 곧 나라는 존재의 소중함을 알아야 한다.

우리는 상처받는 것을 두려워한다. 그러나 원하는 일을 하려면 상처를 받을 수도 있고 넘어지고 쓰러질 수도 있다. 우리는 열등감과 무력감을 다 떨쳐버리고 새가 하늘을 자유롭게 날듯이 마음껏 날개를 펴고 성공을 향해 비행을 멈추지 말아야 한다.

데일 카네기는 이렇게 말했다.

"고민의 가장 나쁜 특성은 정신을 집중하는 능력을 감퇴시키는 것이다. 우리가 고민하고 있을 때 우리 마음은 끊임없이 동요되어 결단력이 흐려진다. 그러나 최악의 사태에 직면해 그것을 정신적으로 받아들이기로 결심하면 우리는 모든 막연한 부정적 상상을 배제하고 침착한 마음으로 문제 해결을 위해 정신을 집중할 수 있게 된다."

확신이 흰색 페인트라면 의심은 검은색 페인트와 같다. 검은색을 보다 밝게 하려면 엄청난 양의 흰색이 필요하지만 흰색을 어둡게 하기 위해서는 검은색을 한번 가져다 뿌리는 것으로 충분하다.

의심은 열등감을 만든다. 성공하기를 원한다면 열등감과 무력감에서 벗어나야 한다. 불가능도 우리가 만들어내지만 가능도 우리가 만들어내는 것이다.

브루스 제너는 이렇게 말했다.

"인생에서 뭔가를 이루려면 오직 열심히 노력하는 길밖에 없다는 것을 나는 알았다. 그렇게 하면 승리할 것이고, 그렇게 하지 못하면 승리하지 못할 것이다."

올림픽에서 최초로 마라톤 2연패를 달성했던 아베베 비킬라는 이렇게 말했다.

"나는 남과 경쟁해 이긴다는 것보다는 나의 고통을 이겨내는 것을 언제나 생각하고 있다. 마라톤은 대단히 고된 운동이기 때문에 숨은 턱에 차고 심장은 터질 듯이 뛴다. 때로는 몸이 너무 무거워서 고통스러울 때도 있다. 그럴 때마다 자신의 컨디션을 가다듬어 평소처럼 뛰어야 한다. 나 자신의 고통과 괴로움에 지지 않고 마지막까지 달렸을 때 그것이 승리로 연결되었다."

최선을 다하는 사람만이 살아남아 성공을 이룰 수 있다.

앙드레 지드는 이렇게 말했다.

"개조해야 할 것은 세계뿐만이 아니라 인간도 그렇다. 그 새로운 인간은 어디서 나타나는 것인가? 그것은 결코 외부에서 이루어지는 것이 아니다. 그것을 그대 자신 속에서 발견해야 한다. 광석에서 찌꺼기가 없는 금속을 재련해내듯 바라는 새로운 인간으로서의 그대 자신이 되도록 해야 한다. 우리 인간에게는 놀라운 가능성이 있다. 그러므로 그대의 힘과 능력을 믿기를 바란다."

세계적인 피아니스트 아르투르 루빈스타인도 한때는 절망 속에 살았다. 그래서 그는 자살을 기도했다. 그러나 그가 목에 맨 줄이 그만 끊어져버리고 말았기 때문에 그 시도는 성공하지 못했다. 그는 기쁨 속에 새로운 삶의 아름다움을 깨닫게 되었다.

훗날 루빈스타인은 이렇게 말했다.

"그 이후 나는 인생을 사랑하게 되었다."

우리의 삶에는 고통이 필요할 때가 있다. 고통이 없다면 도움도 없을 것이다. 의사가 수술을 하려면 칼을 들어야 한다. 치과 의사는 최소한의 고통을 주지 않고는 충치를 치료할 수 없다. 고통의 대가는 우리의 삶에서 분명하다. 스스로 만든 열등감으로 고통을 만드는 일은 없어야 한다.

에밀 자토펙은 이렇게 말했다.

"한 번 훈련으로는 아무것도 일어나지 않는다. 자신을 채찍질하며 수백, 수천 번 훈련했을 때 신체의 여러 부분에서 발전이 일어날 것이다. 비가 온다고? 피곤하다고? 그 또한 문제가 안 된다. 의지력만 있다면 아무 문제도 없다."

열등감도 감정의 한 부분이다. 그러나 열등감이 커지면 다른 부분이 약해진다. 열등감에 빠져 자신을 초라하게 만들지 말고 과감

제2차세계대전 때 크레이턴 메이브램 장군과 그가 인솔하던 부대가 적군에게 모두 포위되고 말았다. 이때 장군은 낙심하지 않고 오히려 용기 백배해 이렇게 말했다.

"우리는 지금 전쟁이 시작된 이래 처음으로 사방을 공격할 수 있는 절호의 기회를 맞았습니다."

포위를 당했으면 절망할 상태다. 그러나 그는 장병들과 용기 있게 맞서 결국 승리를 이끌어냈다. 자신의 삶에 다가온 고통과 절망을 기회로 삼아 승리한 것이다. 절망스러운 상황도 어떻게 받아들이고 대처하느냐에 따라 전혀 다른 결과를 만들어낸다.

칼 매닝거는 "소유하고 있는 것보다 삶의 자세가 더 중요하다"라고 말했다. 현대의 가장 큰 문제는 인간의 존엄성을 비하하고 가능성과 창의력마저도 무시해버리는 것이다.

최근의 한 연구에 의하면 인간이 가지고 있는 뇌는 브리태니커 백과사전을 다 외우고도 40개 외국어를 유창하게 할 수 있으며, 수십 개 대학의 필수 과정을 다 마칠 수 있다고 한다. 이와 같은 가능성을 열등의식이나 죄책감, 부정적인 의식구조 때문에 불과 10% 내외밖에 사용하지 못하고 있는 것이다.

보어전쟁이 일어났을 때 아주 독특한 죄로 재판에서 유죄 판결을 받은 사람이 있다. 그의 죄명은 바로 '낙담시키는 것'이었다. 그는 병사들 사이를 돌아다니며 적이 얼마나 강한지, 왜 방어하기가 어려운지를 말했다. 그리고 결국엔 전쟁에서 질 것이라고 소문을 퍼뜨렸다. 그는 총을 사용하지 않았지만 그의 말을 들은 병사들은 열등감과 무력감에 빠지고 말았다.

우리는 생각한 대로 행동하게 된다. 부족한 점을 정확하게 파악하고 그것을 해결하기 위한 가장 좋은 선택을 찾아 밀고 나가야 한다. 열등감을 떨쳐버리기 위해 어떤 장애물도 극복해나가야 한다. "나는 할 수 있다"라는 이 말이 자신감을 주고 성공의 산을 정복하게 만든다.

열등감을 버리고 싶다면 자신의 마음속에 성공한 모습을 늘 그려봐라. 그리고 이 모습이 지워지지 않도록 깊이 새겨두고 의심하지 마라. 아무리 어려울 때에도 성공의 꿈을 버리지 마라. 우리의 상상 가운데 장애물을 쌓지 마라. 장애물 같은 것은 성공을 향해 나가는 길에서 아주 작고 사소한 것으로 여겨라. 다른 사람의 위엄에 눌려 다른 사람을 흉내 내지 마라. 내가 다른 사람이 될 수는 없다.

하루에 열 번씩 "나는 할 수 있다"라고 외쳐라. 자기가 하고자 하는 일에 동참자를 찾아라. 그리고 자신의 능력을 자신감 있게 발휘해라.

- "나는 반드시 할 수 있다!"라는 말을 자주해라.

- 작은 목표부터 하나씩 천천히 이뤄가라.

- 잊고 싶은 과거는 지워버려라.

- 초심을 잊지 마라.

- 지나치게 자존심을 내세우지 마라.

25 희망을 잃지 마라

"희망은 영원한 기쁨이다. 인간이 소유하고 있는 토지 같은 것이다. 해마다 수익이 오르며 사용해도 결코 없어지지 않는 확실한 재산이다"라고 스티븐슨이 말했다.

희망을 가져야 한다. 희망을 가지고 있으면 그것을 이룰 기대감으로 행복해진다. 우리에게 좋은 일이 일어날 것이라는 희망은 우리를 가슴 설레게 한다. 희망이 있고 기대가 있다는 것은 삶의 의미를 새롭게 만들어준다.

케이 라이언스가 이렇게 말했다.

"어제는 무효가 된 수표이며 내일은 약속어음이다. 오늘만이 손에 넣을 수 있는 현금이다. 그러므로 현명하게 써야 한다."

삶에 희망이 있는 사람은 강한 의지를 가지고 있다. 강한 의지를 가진 사람을 막을 방법은 없다. 누군가 만약 그를 방해하기 위해 장애물을 놓는다면 그 장애물은 오히려 성공을 만들어주는 디딤돌이 될 것이다.

농부가 왜 봄에 씨를 뿌리는가. 수확에 대한 기대감이 있기 때문이다. 어부가 왜 바다에 그물을 던지는가. 물고기를 잡으려는 기대감이 있기 때문이다. 왜 나무를 심는가. 열매를 딸 수 있는 날을 기대하기 때문이다. 우리는 자신의 삶에 기대감을 가지고 살아야 한다. 그래야만 삶에 의욕이 생겨 꿈을 이루어가며 살 수 있다.

희망을 이루려면 매일 매일의 계획을 충실하게 실천해라. 목표 달성에 도움이 되는 일에 조금 더 노력해라. 목표 달성에 도움이 되지 않는 일은 멀리하는 게 좋다.

우리는 성공을 이루기 위해 목표를 찾아내고 목표를 이루기 위해 도전해야 한다. 우리가 기대한 것을 이루어가면 삶이 풍성해지고 충만해진다. 일하는 즐거움도 느끼게 된다. 어떤 일에 대해서도 자신감이 생긴다.

삭티 거웨인은 그의 저서 『창조적 시각화』에서 다음과 같이 말하고 있다.

"상상력이란 마음속에 아이디어나 상을 만들어내는 능력을 말한다. 창조적인 시각화에 있어서는 이 상상력을 사용해서 자기가 현실 세계에서 실현하고 싶은 것을 분명히 이미지화한다. 그리고 그 아이디어나 상에 항상 초점을 맞추어 그것이 현실이 될 때까지, 다시 말하면 자기가 생각하고 그린 것이 실제로 실현되기까지 긍정적인 에너지를 계속 준다."

미국의 프로 야구 선수로 명성을 날렸던 커크 깁슨에 대해 신문에 기사가 난 적이 있다. 그는 1980년에 손목의 연골을 다쳐 야구 선수로서는 치명적인 상처를 입었음에도 선수 생활을 계속했다. 그런데 1982년에는 왼쪽 손목마저 심하게 삐었다. 또 3년 후에는 투수가 잘못 던진 공에 맞아 입을 열일곱 바늘이나 꿰매었고, 허벅지에 타박상까지 입었다. 그리고 그 다음 해에는 발목을 심하게 다쳤는데도 불구하고 선수로서 가장 훌륭한 기록을 올렸다. 그는 이처럼 수많은 육체적인 고난 중에도 좌절하지 않고 당당하게 선수 생활을 멈추지 않고 계속해나갔다.

커크 깁슨은 '고통을 이겨낸 비결'을 묻는 사람들에게 이렇게 말했다.

"우리의 삶에는 행복과 불행이 공존합니다. 잘되고 행복할 때가 있는가 하면 안 되고 낙담할 때가 있죠. 하지만 낙담의 시기에 저는 낙담을 이겨내는 것만이 제가 갈 길이라고 생각했습니다. 그러는 동안 저는 제 직업과 제 가족과 제 자신에게 또 다른 희망을 갖게 되었습니다."

미국인들은 러시아인들이 스푸트니크를 발사한 이후 우주 개발 노력을 두려워했다. 하지만 존 F. 케네디는 10년 안에 인간의 달 착륙을 성공시키겠다고 공포함으로써 의식의 방향을 결정했다. 그리고 미국인들은 그 일을 8년 2개월 만에 이루어냈다. 이 놀라운 결과를 만들어낸 것은 앨프리드 노스 화이트헤드의 말처럼 "위대한 꿈은 결코 그대로 성취되지 않으며 늘 그 꿈을 뛰어넘는 성과를 가져오기" 때문이다.

목표는 마치 자석과 같다. 목표는 우리를 더 강하게 끌어당긴다. 목표는 우리로 하여금 잠재 능력을 발휘하게 만든다.

성공하는 사람과 성공하지 못하는 사람의 차이는 세 글자로 요약할 수 있다. 그것은 "조금 더"다. 성공하는 사람들은 자신에게 주어진 일에 최선을 다하고 거기에 조금 더 노력을 기울인다. 그들은 다른 사람들에게 친절하고 사려가 깊으며 거기에 조금 더 배려한다. 그들은 좋은 친구이며 어려울 때 믿고 의지할 수 있는 사람들이다. 그들은 조금 더 실천한다. 우리는 성공하기 위해 날마다 "조금 더" 열정을 쏟아서 일해야 한다.

성공하기 위해서는 삶의 목표를 일깨워줄 필요가 있다. 목표를 세우고 미래를 꿈꾸며 희망을 갖는 것은 참 아름다운 삶이다. 목표가 달성된 미래를 상상하며 우리는 우리를 기다리고 있는 행복과 만족을 미리 경험할 수 있다.

> **Tip**
>
> ## 희망에 관한 명언
>
> - 내 비장의 무기는 아직 손 안에 있다. 그것은 희망이다. −나폴레옹
>
> - 과거의 실패를 극복하고 그것을 변혁시키려는 희망이야말로 인간이 갖는 매력이다. 과거에 바랐던 것을 성취하지 못했다고 해서 불행하다고 생각하지 마라. −앙드레 모루아
>
> - 그 어떤 희망이든 자신이 품고 있는 희망을 믿고 인내하는 것이 바로 인간의 용기다. 그러나 겁쟁이는 금세 절망에 빠져 쉽게 좌절해버린다. −미상

26 열심히 봉사해라

봉사란 남의 뜻을 받들어 섬기는 것이다. 진심으로 하는 봉사야말로 삶 속에서 보람과 아름다움을 만들어준다. 봉사는 사랑의 작업복으로 갈아입는 것이다. 사랑과 희생의 마음이 없으면 봉사는 이루어지지 않는다. 봉사는 할수록 기쁨과 보람과 감동이 있다. 그러므로 진실한 봉사를 하는 사람은 결코 좌절하지 않는다.

자원 봉사는 '자유 의지'를 뜻하는 라틴어*voluntas*에서 유래한다. 이것은 스스로 원해서 자발적으로 참여하는 활동을 의미하는 것이다.

남을 사랑하고 남이 어려울 때 봉사할 줄 아는 사람이야말로 사람다운 사람이다. 진정한 봉사는 나보다 남을 먼저 생각하는 것이다.

봉사 활동이라는 것은 "타인의 강제에 의해서가 아니라 자기 자신으로부터 우러나오는 마음에서 돕는 일"이다. 그러므로 자발적으로 봉사 활동에 참여함으로써 타인의 어려움과 고통에 대해 잘 이해할 수 있게 되고 봉사 활동을 하는 자기 자신도 성장할 수 있다.

스티븐 알터번은 이렇게 말했다.

"다른 사람에게 봉사하는 사람은 오로지 권력만 추구하는 사람들이 얻을 수 없는 진정한 성공을 얻게 될 것이다."

메리케이는 이 세상에는 네 가지 유형의 사람이 있다고 말했다.

"무슨 일이든지 성취해내는 사람, 그저 남이 성취하는 것을 지켜보는 사람, 남이 성취하는 것을 보고 감탄하는 사람, 무슨 일이 일어났는지 모르는 사람"이다.

봉사는 남을 위한 일을 성취하는 것이다. 남을 위해 봉사를 하는 사람은 겸손해야 한다. 겸손이란 남을 먼저 생각하는 마음이다. 동료들의 허물과 약점을 보면서 자신에 대한 우월감을 가져서는 안 된다. 그들의 과실을 덮어주고, 장점을 칭찬해주고, 그들의 부족을 채워주고, 그들이 잘되는 것을 기뻐하며, 그들의 어려움을 불쌍히 여기고, 우정을 받아들이고, 그들의 불친절함을 너그럽게 이해하고 용서하며 자신을 낮춰야 한다.

요즘 사람들은 점점 '내가 할 일'과 '다른 사람이 할 일'을 너무나 엄격하게 구분하는 나머지 서로 함께해야 할 일에 무관심해져 방치하는 경향이 있다. 타인을 위해 봉사하고 희생할 줄 알아야 한다. 작은 것부터라도 시작하는 것이 중요하다.

남들이 무관심한 것에 관심을 기울여야 한다. 다른 사람들이 눈여겨보지 않는 일, 모두가 꺼리고 하기 싫어하는 일을 먼저 하는 것은 진정 소중한 일이다.

테레사 수녀가 호주를 방문했을 때의 일이다. 호주의 한 젊은 프란시스코 수사가 테레사 수녀에게 그녀의 수행원이 되게 해달라고 했다. 이 수사는 테레사 수녀를 가까이에서 접하면서 그녀에게 많은 것을 배우고 보고 들을 수 있을 것이라는 기대감에 부풀어 있었다. 그러나 줄곧 그녀 가까이에 있으면서도 언제나 다른 사람들이 테레사 수녀를 만났기 때문에 그는 말 한마디 건넬 기회가 없었다. 드디어 모든 일정을 마치고 그녀가 뉴기니로 떠나게 되었다. 수사는 너무 실망했다. 그래서 테레사 수녀에게 청원했다.

"뉴기니행 여비를 제가 부담한다면 비행기 옆 자리에 앉아 말씀을 나누며 배울 수 있겠습니까?"

테레사 수녀는 그를 똑바로 쳐다보며 물었다.

"뉴기니로 가는 항공료를 낼 만한 돈을 가지고 있어요?"

"예."

"그러면 그 돈을 가난한 이들에게 주세요. 내가 말해줄 수 있는 것보다 더 많은 것을 배울 것입니다."

이 세상을 떠날 때 입는 수의에는 주머니가 없다. 빈손으로 왔다가 빈손으로 간다는 의미다. 그러므로 주머니가 있는 삶을 살 때 남에게 베푸는 넉넉한 마음으로 살아야 한다. 테레사 수녀는 "봉사할 줄 아는 사람은 좌절할 줄 모른다"라고 말했다.

봉사는 강요에 의해서가 아니라 스스로 원해서 해야 한다. 아무런 대가 없이 어려움에 처해 있는 이웃을 돌보아야 한다. 봉사는 한두 번에 그치는 것이 아니라 계속해서 꾸준히 해야 하고 봉사를 통해 자신의 변화를 체험할 수 있어야 한다. 봉사를 하려면 계획이 분명하고 체계적이고 조직적이어야 한다. 봉사를 통해 누구나 스스로 참여하는 보람과 기쁨을 가질 수 있어야 한다.

봉사는 길이보다 깊이가 중요하고 가식적인 큰 규모의 봉사보다는 차라리 작은 봉사일지라도 정직하고 진실된 사랑의 마음을 담아 해야 한다.

생명의 유지하는 데 신선한 공기와 음식이 필요하듯이 사람이 살아가는 데 사랑이 꼭 필요하다. 사랑 없는 봉사는 있을 수 없다.

래브라도의 그렌펠이 미국의 존스홉킨스대학에 와서 래브라도에서 일해줄 간호사를 요청한 적이 있다. 그는 이렇게 말했다.

"여러분이 삶에서 최고의 행복을 얻고자 한다면 나와 함께 가서 이 여름 동안 노들랜드의 고아원을 경영해보지 않겠습니까? 월급은 한 푼도 드리지 못합니다. 사사로운 경비는 모두 각자 부담입니다. 그러나 나는 보증합니다. 여러분은 지금까지 경험한 적이 없는 인생에 대한 사랑을 체험할 것입니다."

남을 위해 일하면 즐거운 마음과 행복한 얼굴이 만들어진다. 진정한 성공은 소유에만 있는 것이 아니다. 마음의 행복과 나눔의 행복이 진정한 행복이다.

우리는 남을 위해 봉사할 때 행복한 삶을 살 수 있고 성공적인 삶을 살아갈 수 있다. 톨스토이가 이렇게 말했다.

"삶은 봉사의 터전이다. 봉사하는 가운데 누구나 참기 어려운 고통을 받게 되지만 그보다는 얻는 기쁨이 더 크다. 그 기쁨은 남을 위해 봉사하고 그 봉사를 자신의 행복보다 앞선 목표로 삼을 때 주어지는 것이다."

우리는 칼정의 말처럼 "세상이 추울 때 봉사로 모닥불을 밝혀야 한다".

봉사에 관한 명언

- 이 세상에서 찾아볼 수 있는 유일한 만족의 길은 봉사하는 것이다. ―찰스 엘리엇

- 만일 당신이 사람들을 사랑하고 그들에게 봉사한다면 당신은 꼭 보상을 받을 것이다. ―에머슨

- 비록 가진 것은 없으나 남을 위하고 도우려 하는 사람이 참된 봉사자이다. ―조달현

- 남을 위해 봉사하는 것으로써 자기 역량을 알 수 있다. ―헨리크 입센

27 마음에 여유를 가져라

　현대사회가 도시화되면서 사람들은 어느 사이에 자연을 잃어가고 있다. 규격화된 빌딩 숲과 아파트 문화 속에서 갇힌 생활을 하고 있다. 출퇴근 시간에도 차량과 지하철에 갇혀 숨 막히도록 부대끼면서 여유로운 마음을 잃어간다.

　사각형 텔레비전과 컴퓨터 앞에서 가족과 대화도 단절한 채 꼭두각시처럼 화면에 따라 울고 웃는다. 사람들이 자꾸만 개인주의자가 되어가고 있는 것이다.

　마음의 창을 열어보자. 우리의 마음은 자연 그대로의 순수함을 많은 현대인이 우울증에 시달린다. 우울하면 의기소침해지고 절망적인 마음을 갖게 된다. 생활 속에 즐거움이 줄어들고 웃음이 없어지며 기력이 저하되기도 한다. 기력이 저하되면 일하기가 힘들고 식욕도 없어지고 늘 피곤하다. 신경과민과 고도의 긴장, 지나친 걱정과 두려움 속에 안절부절못하면 일을 잘할 수 없다. 그러므로 마음에 여유를 가져야 한다. 그래야 당당한 마음으로 성공할 수 있다.

우리는 우리의 삶에서 일어나지도 않을 일에 대한 두려움을 가질 때가 있다. 그것 때문에 귀한 시간과 힘을 빼앗기곤 한다. 두려움은 마치 독과 같다. 두려움은 우리의 행동을 마비시킨다. 실체도 없이 상상 속에서만 존재할 뿐인 두려움을 용기로 바꾸는 힘과 능력이 필요하다.

우리의 삶에서 두려움이 자리 잡지 못하게 해야 한다. 그 어떤 두려움도 우리의 도전 의식을 훼방하지 못하게 만들어야 한다. 우리가 걱정하고 염려하는 것도 알고 보면 별것 아닐 때가 많다.

캐나다의 브리티시컬럼비아 주에 새로운 감옥이 지어졌다. 이 감옥은 오랫동안 죄수들은 수용해온 포트 알칸 감옥이 낡아 새롭게 만든 것이다.

죄수들은 이 새로운 감옥으로 옮겨진 후 전에 있던 감옥의 철거 작업을 했다. 전기 장치와 가스관을 분리하고, 마지막으로 교도관의 지휘 아래 감옥을 벽을 헐었다. 벽을 허물던 죄수들은 깜짝 놀랐다. 감옥의 육중한 문마다 커다란 자물쇠가 굳게 잠겨 있고 두께가 5센티미터나 되는 쇠창살이 막고 있던 감옥의 벽이 종이와 흙으로 만들어진 것이었기 때문이다. 수감되어 있는 동안 한 번이라도 벽을 세게 걷어찼다면 충분히 무너뜨릴 수 있을 정도로 약한 벽이었다. 그러나 그들은 그곳에 있는 동안 탈옥은 꿈도 꾸지 못했다.

우리는 우리가 갇혀 있는 마음이란 감옥에서 탈출해야 한다. 스스로 들어가 있는 감옥에서 자신감을 가지고 탈출할 때 우리의 삶은 새롭게 변화될 수 있다. 사람이 긴장을 하면 일이 잘되지 않고 실패할 확률이 높아진다. 우리는 지나친 걱정을 버리고 긴장을 풀어야 한다. 지나친 걱정과 근심은 병을 만든다.

우리에게는 언제나 걱정하고 염려할 일이 생겨난다. 걱정과 염려만 하고 움직일 생각을 하지 않는다면 실의에 빠지고 우울증에 빠지게 된다. 때로는 걱정거리를 일부러 만들어놓고 고민하는 어리석은 사람도 있다.

염려는 두려움이란 가느다란 물줄기가 마음속으로 졸졸 흘러
들어와 마음을 흔들어놓는 것이다. 조금만 용기를 북돋아줘도 염
려라는 것은 우리의 생각 속에서 감쪽같이 사라져버린다. 우리를
무너뜨리고자 하는 염려는 늘 우리의 마음을 엿보고 있다가 기회
만 있으면 파고들어 찾아온다. 그러므로 작은 염려부터 과감하게
떨쳐버리고 자신과 자신이 하고자 하는 일에 확신을 가져야 한다.
걱정거리로 마음이 심각해지기보다 그것을 이겨냄으로 즐거움 속
에 살아야 한다.

우울증이 생기면 무력감과 패배 의식으로 고통을 느낀다. 부정
적인 자화상을 그려놓고 스스로 시달리며 괴롭힌다. 삶에 흥미와
웃음을 잃는다. 매사에 안절부절못하고 사소한 일에도 신경질을
내고 노이로제 때문에 잠을 잘 자지 못한다. 현재보다는 지나간 과
거에 집착하고 쉽게 낙심하고 과대망상이 시달린다. 우울증이 심
해지면 모든 것이 다 귀찮아지고 죽고 싶은 마음까지 생긴다. 우리
는 지나친 걱정에서 벗어나야 한다.

사람들은 누구나 꼭 해야 할 일이 있는데도 갑자기 생겨나는 일
로 자기가 원하던 길에서 빗나가는 경우가 종종 있다. 우리에게 막
연하고 해결하기 어려운 문제가 생겼을 때 문제점을 잘 기록하고

하나하나 해결해나가는 것도 좋은 방법이다. 문제를 하나하나 해결해나가려고 하면 해결점이 생겨나고 오로지 자기가 하려고 하는 일에 더 집중할 수 있는 힘과 여유가 생긴다.

평생을 시계를 조립하며 살아온 사람이 있다. 그는 아들에게 특별히 시계를 하나 만들어 선물했다. 시침은 동으로 분침은 은으로 초침은 금으로 만들었다. 시계를 선물 받은 아들이 아버지에게 물었다.

"아버지, 이건 좀 잘못된 것 같은데요? 시침은 금으로, 초침은 동으로 만드셨어야 하는 것 아닌가요?"

아들의 말을 들은 아버지가 이렇게 말했다.

"초를 아끼지 않는 사람은 분과 시간을 아끼지 못한다. 우리 인간의 생활도 그 변화는 결국 초침이 일으키는 것이 아니겠느냐? 초를 허비한다는 것은 분과 시간을 허비하는 것이고, 그것은 인생을 허비하는 일이지. 초의 중요함을 늘 명심하라는 뜻에서 초침을 금으로 만들었단다. 내 뜻을 알아들었다면 시계를 잘 사용해라."

우리는 여러 가지 문제로 인해 많은 신경을 쓰게 되고 불안해지기도 한다. 그러나 염려 때문에 우리의 힘을 다 잃어버리는 어리석음에 빠져서는 안 된다. 역경을 이겨낼 수 있는 자신감을 가지고 살아가는 것이 중요하다. 조급한 마음을 버리고 삶에 대해 여유를 가질 때 보다 편안하고 계획적인 삶을 살아갈 수 있을 것이다.

삶에 희망을 주는 10가지 진리 _켄트 케이스

- 사람들은 논리적이지 않고 이상적이지도 않다. 자기중심적이다. 그래도 사람들을 사랑해라.

- 착한 일을 하면 사람들은 다른 속셈을 가지고 있을 것이라고 의심할 것이다. 그래도 착한 일을 해라.

- 성공을 하면 가짜 친구와 진짜 적들이 생길 것이다. 그래도 성공해라.

- 정직하고 솔직하면 공격을 당하기 쉽다. 그래도 정직하고 솔직하게 살아라.

- 오늘 착한 일을 해도 내일이면 사람들은 잊어버릴 것이다. 그래도 착한 일을 해라.

- 사리사욕에 눈먼 소인배들이 큰 뜻을 품은 훌륭한 사람을 해칠 수 있다. 그래도 크게 생각해라.

- 몇 년 동안 공들여 쌓은 탑이 하루아침에 무너질 수도 있다. 그래도 탑을 쌓아라.

- 물에 빠진 사람을 구해주면 보따리를 내놓으라고 덤빌 수도 있다. 그래도 도움이 필요한 사람을 도와라.

- 젖 먹던 힘까지 다해 헌신해도 칭찬을 듣기는커녕 경을 칠 수도 있다. 그래도 헌신해라.

- 사람들은 약자에게 호의를 베푼다. 하지만 결국에는 힘 있는 사람 편에 선다. 그래도 소수의 약자를 위해 분투해라.

28 능력을 마음껏 발휘해라

인간은 누구나 태어날 때 똑같이 벌거벗고 태어나지만 똑같은 모습으로 살아가지는 않는다. 제각기 다른 모습으로 삶을 만든다. 씨앗 속에는 어느 씨앗이나 나무 한 그루가 있다. 사람들에게도 누구나 제 몫의 능력이 있다. 능력을 확실하게 발휘할 때 비로소 새롭게 변화가 찾아오는 것이다.

프로 권투 선수로 유명한 제임스 콜벳은 성공의 비결을 이렇게 말했다.

"지쳤지만 다시 링 한복판으로 뛰어들어야 한다면 한 번만 더 힘을 내어 싸워라. 팔이 너무 아파서 들어 올릴 수 없다면 마지막이라고 생각하고 한 번만 더 팔을 뻗어라. 코피가 나고 눈이 멍들고 너무 힘들어서 차라리 상대방이 어서 때려눕혀 주었으면 하는 생각이 든다면 마지막으로 한 번만 더 싸워라. 그리고 한 번 더 싸우겠다는 정신으로 달려드는 사람은 결코 지지 않는다는 사실을 기억해라.”

성공하기 위해 능력을 발휘하려면 자신의 결점을 지적해준 사람을 고마워해라. 일이 쉽게 이루어지지 않는다고 낙심하지 마라. 꿈과 비전을 주는 책을 읽어라. 꿈을 지닌 사람들을 친구로 삼아라. 현재의 역경과 고난을 기뻐해라. 흐트러진 생활을 하지 마라. 미래를 향해 나가라. 자신의 삶에 대해 생각하는 시간을 가져라. 삶의 큰 목표를 기록해 반복해서 읽어라. 확립된 목표를 왜 달성할 필요가 있는지 기록해라. 목표 수정이 가능하도록 탄력성을 둬라. 원칙에 따라 매진해라.

“성공은 또 다른 성공을 유도한다”라는 말이 있다. 이 말은 자기가 하고자 하는 일에서 성공하면 힘이 생겨나고 또 다른 성공을 만들어가게 된다는 뜻이다. 목표를 달성해나가는 과정에는 실패가 늘 찾아오게 마련이다. 실패를 했을 때 그 탓을 남에게 전가하려

하면 좋은 결과를 얻어낼 수가 없다. 실패의 원인을 자신에게서 찾아내 변화해야 한다. 그렇게 하면 똑같은 실패를 반복하는 일은 없을 것이다.

린더스트는 이렇게 말했다.

"곤란은 뛰어넘기 위해서 존재하는 것이다. 그러므로 당장 곤란에 맞붙어서 싸워라. 일단 싸우다 보면 그것을 극복할 수 있는 방법을 찾게 될 것이다. 몇 번이고 곤란과 씨름하는 가운데 힘과 용기가 용솟음치게 된다. 그리해 자신도 모르게 정신과 인격이 완벽하게 단련되는 것을 느낄 수 있게 되리라."

우리는 절망을 극복하면서 배워나간다. 하나의 절망을 극복하면 다른 절망도 쉽게 극복할 수 있는 힘이 생긴다. 절망을 딛고 일어서면 반드시 성공의 문은 열린다.

슈바이처가 1952년 노벨 평화상을 받기 위해 아프리카를 떠나 유럽으로 향했다. 파리까지는 비행기를 타고 가서 다시 덴마크에는 기차를 타고 갔다. 슈바이처가 온다는 소식을 전해 들은 기자들이 취재하기 위해 함께 기차를 탔다. 기차 안에서 기자들은 여러 가지 질문을 던지려고 특실을 찾았지만 그곳에는 슈바이처가 없었다. 1등실에도 2등실에도 그는 없었다. 기자들은 3등실에서 가난한 시골 사람들을 진찰해주고 있는 그를 찾을 수 있었다.

한 기자가 물었다.

"박사님! 어째서 이렇게 누추한 3등실에서 고생하며 가십니까?"

이 말을 들은 슈바이처는 태연하게 대답했다.

"나는 즐길 곳을 찾아서 살아온 것이 아니라 나를 필요로 하는 곳을 찾아다니며 살아왔습니다. 지금도 나는 그렇게 살아가고 있습니다."

힘과 능력이 있는 사람은 인간적인 매력도 넘친다. 그런 사람에게는 왠지 모르게 끌린다. 힘과 능력이 있는 사람은 위기를 만나더라도 태연자약하고 자랑할 일이 있더라도 오만하지 않으며 실패하더라도 절대 기죽지 않는다. 그렇다고 해서 무작정 저돌적인 삶을 살아가는 것은 아니다. 지극히 자연스러운 태도로 삶에 대처하기 때문에 한층 더 좋은 인상을 준다.

능력이 있는 사람은 사람을 끌어당기는 매력을 가지고 있다. 넘치는 능력으로 성공한 사람의 파란만장한 성공담을 듣고 있으면 인간적인 동질감과 매력을 느끼지 않을 수 없다. 그들은 자기의 체험과 알고 있는 모든 것과 가지고 있는 모든 잠재력을 동원해 성공을 만들어가는 사람들이다. 자신의 삶의 방식을 바꾸고 싶다면 지금부터라도 새롭게 시작해야 한다.

인간에게는 두 개의 의식이 있다. 현재 의식과 잠재의식이다. 현재 의식은 우리의 마음속을 불과 10%밖에 차지하지 않는다. 나머지 90%의 마음은 잠재의식이다. 잠재의식을 살릴 때 놀라운 힘을 발휘할 수 있다. 우리는 우리 속에 있는 능력을 마음껏 발휘해야 한다.

화가는 그림을 그리는 능력을 발휘하는 사람이다. 사진 작가는 사진을 찍는 능력을 발휘하는 사람이다. 사업가는 경영 능력을 발휘하는 사람이다. 우리 모두에게는 각자의 능력이 있다. 이 능력을 발휘하는 사람이 삶을 제대로 살아가는 사람이다. 우리가 우리 안에 있는 놀라운 능력을 잘 발휘해서 목적한 바를 이루었을 때 그 기쁨은 두고두고 자랑해도 좋다. 우리의 능력을 나타내야 한다.

나폴레옹 어록

- ⊙ 승리는 가장 끈기 있게 노력하는 사람에게 간다.

- ⊙ 1%의 가능성, 그것이 나의 길이다.

- ⊙ 의지할 만한 것은 남이 아니라 자신의 힘이다.

- ⊙ 앞을 내다보지 못하는 자는 이미 패배한 자다.

- ⊙ 우리가 어느 날 마주칠 재난은 우리가 소홀히 보낸 시간에 대한 보복이다.

칭찬을 아끼지 마라

"칭찬에는 언제나 능력을 키우는 힘이 있다"라고 토머스 드라이어가 말했다.

우리의 삶에서 칭찬과 격려는 매우 중요하다. 칭찬은 삶에 활력을 주고 능력을 만들어준다. 우리가 칭찬을 잘하지 못하는 이유는 무관심과 비판 의식, 그리고 내면에 쌓여 있는 경쟁의식과 불만 때문이다. 어쩌면 늘 눈치를 보느라 자신의 감정을 재대로 표현하지 못하고 살아왔기 때문일 수도 있다. 그러나 지금은 세상이 달라졌다. 자신의 감정을 솔직하게 표현하고 전달해도 좋은 시대다. 우리는 칭찬을 통해 가정과 사회, 그리고 직장에서 보다 나은 대인 관계를 이루어가야 한다.

칭찬은 마음의 호수에 물수제비를 뜨듯이 잔잔한 감동을 준다. 칭찬은 생명력 있는 물과 같다. 사람의 마음을 흠뻑 적셔주고 삶을 새롭게 한다. 칭찬을 하는 사람이나 칭찬을 듣는 사람 모두 마음이 즐겁고 따뜻해진다. 칭찬은 우리의 삶에 힘을 주는 희망의 언어다. 칭찬을 할 줄 아는 사람의 언어는 부드럽고 따뜻하며 여유가 있다. 칭찬은 남을 이해하는 마음의 표현이며, 동기를 유발하는 촉진제다. 칭찬에는 사람을 움직이게 하는 힘이 있다. 칭찬은 용기를 갖게 하고 마음을 풍요롭게 하는 청량제로 작용한다.

칭찬은 관심에서 시작한다. 간섭은 모든 일을 내 중심에서 바라보는 것이지만 관심은 모든 일을 상대방 중심에서 바라보는 것이다. 그러므로 우리가 상대방의 마음을 제대로 이해할 때 진정한 칭찬을 할 수 있다. 우리가 이해심, 관용, 호의, 친절, 애착, 관심을 가지고 다른 사람과의 관계를 좋게 이루어간다면 더 많은 일을 슬기롭게 해나갈 수 있다. 이 모든 일은 사랑하는 마음으로 남을 칭찬해줄 수 있을 때 일어난다.

칭찬은 가정이나 직장, 사회 어디서나 필요하다. 칭찬은 우리의 삶에 자신감을 만들어주고 닫혀 있던 마음을 활짝 열어준다. 우리의 삶에 늘 불평만 하는 습관, 비판만 하는 습관, 결점만을 찾거나 사소한 잘못에도 늘 투덜거리는 습관이 지속되면 안 될 것이다. 남의 어두운 면만 찾으려는 습관에 젖는 것은 아주 불행한 일이다. 그런 습관이 계속되다 보면 얼마 후에는 그 잘못된 습관의 노예가 될 수 있다.

칭찬은 마음을 열어주고 기분을 상쾌하게 만들어주기에 일에서도 능력을 발휘해 좋은 결과를 가져오게 된다. 또한 남을 칭찬해주면 웃음이 얼굴에 표현된다. 웃음은 정서적인 안정을 유지하고 삶에 활력을 준다.

칭찬은 우리에게 기쁨을 주고 긍지를 심어준다. 칭찬은 생명의 샘이요, 창조의 씨앗이다. 칭찬은 사람들의 의욕을 북돋아주고, 삶을 밝고 생기 있게 만든다. 세상을 따뜻하고 풍요롭게 해주며 사람의 마음을 긍정적인 방향으로 이끌어준다. 칭찬은 우리의 마음속에 오래도록 각인이 되어 남는다. 칭찬은 언어라는 재료를 통해 우리의 삶을 맛있고 보기 좋게 요리하는 것이다. 우리는 칭찬을 받음으로 건강한 삶을 살아갈 수 있다. 이러한 칭찬을 만드는 것은 우리의 세심하고 너그러운 마음이다. 칭찬은 인간관계에서 빼놓을 수 없는 것이다.

식사 준비를 한 아내에게, 열심히 일하고 돌아온 남편에게, 직장 동료에게, 아랫사람에게 아낌없이 칭찬을 함으로써 아름다운 세상을 만들어갈 수 있다.

칭찬에도 요령이 있다. 칭찬을 잘하려면 자아의식을 자극해라. 뜻밖의 사실에 대해 칭찬해라. 특권 의식을 불러일으켜라. 부분적인 장점을 확대해 칭찬해라. 명예욕을 부추겨라. 대담하고 적극적으로 칭찬해라. 기분 좋게 칭찬해라. 많은 사람 앞에서 칭찬해라. 기억에 남을 수 있도록 칭찬해라.

칭찬은 힘을 만들어주는 능력이다. 칭찬을 받으면 힘이 생기고 의욕이 솟구친다. 용기가 생기고 삶에 기쁨이 넘친다.

루소는 이렇게 말했다.

"한 포기의 풀이 성장하려면 따스한 햇볕이 필요하듯이 한 인간이 건전하게 성장하려면 칭찬이라는 햇볕이 필요하다."

백 번의 꾸지람보다 칭찬 한마디가 사람의 마음을 움직인다. 진심에서 우러난 칭찬이 상대방의 마음에 감동을 준다.

칭찬은 사람의 마음을 움직이는 위력이 있다. 칭찬을 아끼지 마라. 칭찬은 미처 눈치 채지 못한 점을 잘 표현해주는 것이 중요하다.

가끔씩은 거울을 보면서 자기 자신을 칭찬해주는 것도 좋다. "그래 잘했어! 나는 멋지단 말야! 앞으로 잘할 거야!"라며 스스로를 칭찬해주면 엔도르핀도 돌고 기분도 좋아지고 의욕도 생긴다. 단, 진심으로 솔직하고 정직하게 칭찬해주어야 한다.

한편 해서는 안 되는 칭찬이 있다. 거짓 칭찬이다. 거짓 칭찬을 해주면 사람들이 인정하지 않는다. 칭찬을 듣는 본인도 그 칭찬이 거짓인지 진실인지 정도는 파악할 수 있기 때문에 거짓 칭찬을 들었을 때 자존심을 다칠 수도 있다. 그렇게 되면 그 칭찬은 도리어 역효과를 낳고 부작용을 일으키게 된다. 칭찬을 하는 사람도 신뢰를 잃을 수 있다.

소설 『아이반호』로 유명한 월터 스콧은 영국의 계관시인이다. 스콧은 어린 시절 멍청한 아이로 놀림을 받으며 침울하게 지냈지만 문학에 관심이 있어 좋은 시를 보면 열심히 외웠다. 그가 열세 살쯤 되었을 때 유명한 문인들의 모임에서 시 암송을 하게 되었다. 그의 시 낭송을 들은 당시의 유명한 시인 번즈가 "훌륭하구나. 너는 언젠가 영국의 위대한 인물이 될 것이다"라는 칭찬을 해주었다. 번즈의 칭찬을 받은 스콧은 그때부터 용기와 꿈을 가지고 삶을 새롭게 개척해갔다. 그리하여 월터 스콧은 1800년대 영국이 자랑

 ●● 감성 만들기

하는 위대한 시인, 소설가, 법관으로 명성을 날렸다.

　누구나 칭찬받는 것을 즐거워한다. 칭찬을 들으면 더욱더 열심히 일하려는 열정과 자신감을 갖게 된다. 칭찬은 이 세상을 아름답게 만드는 것 중의 하나다. 사랑도 성공도 예술도 그 밖의 모든 일도 이 칭찬이라는 아름다운 말로 이루어지는 것이다.

칭찬받기 & 칭찬하기

- ⊙ 상대방의 단점도 장점으로 승화시킨다.
- ⊙ 상대방의 작은 변화도 눈여겨본다.
- ⊙ 항상 겸손한 모습으로 생활한다.
- ⊙ 낙천적이고 긍정적인 사고방식을 지닌다.
- ⊙ 때와 장소에 맞게 분위기 파악을 잘한다.
- ⊙ 상대방의 말을 귀담아듣는다.
- ⊙ 칭찬을 받은 만큼 타인을 칭찬할 줄 안다.

30 성공에 대한 자신감을 가져라 

"성공이란 우리가 인생에서 도달한 위치에 의해서가 아니라, 성공하려고 노력하는 동안 우리가 극복한 장애물에 의해 측정된다"라고 워싱턴이 말했다.

성공하려면 자신을 먼저 믿어야 한다. 확신은 크나큰 힘을 만들어준다. 자신이 이 세상에 필요한 존재임을 확실하게 표현해야 한다. 큰 목소리로 세 번만 외쳐라!

"나는 꼭 필요한 사람이다! 나는 꼭 필요한 사람이다! 나는 꼭 필요한 사람이다!"

이 세상에 필요 없는 사람은 단 한 사람도 없다. 세상은 나를 필요로 하고 있고 나 때문에 행복할 사람이 있다는 사실을 안다면 삶을 그만큼 가치 있고 행복하게 살 수 있다.

토크빌이 이렇게 말했다.

"인생의 목적은 고뇌도 향락도 아니다. 우리에겐 각자 해야 할 의무가 주어져 있다. 정직하게 끝까지 할 수 있는 한 의무를 다해야 할 것이다."

자신을 믿는 사람이 언제나 최선을 다한다.

성공의 열쇠는 어디에서 나오는가? 그것은 우리의 인격과 기량에서 나온다. 사람은 자신의 그릇 이상 크지 못한다는 말이 있다. 성공하는가 성공하지 못하는가를 결정짓는 것은 바로 그 사람의 그릇 크기다. 그러므로 자신에 대한 신뢰감을 가져야 한다. 자신의 그릇을 크게 만들 수 있어야 한다.

스티븐 스필버그는 자신의 꿈을 현실로 만든 멋진 사람이다. 그의 어머니는 언제나 아들의 말을 잘 들어보고 옳다고 생각되는 것은 할 수 있도록 도와주었다. 스필버그가 어렸을 때 찍은 영화에 기꺼이 배우로 출연해주기도 하고 철저하게 눈높이를 낮춰서 아들이 꿈에 가까이 다가가도록 해주었다. 스필버그는 대학 졸업을 앞두고 할리우드에 진출했다. 어머니의 아들에 대한 확신이 그에게 성공에 대한 확신을 심어주어 그는 자신의 꿈을 이룰 수 있었다.

이런 말이 있다.

"산꼭대기에 있는 소나무가 될 수 없다면 골짜기의 관목이 돼라. 그러나 시냇가에서 제일 좋은 관목이 돼라. 나무가 될 수 없다면 나뭇가지가 돼라. 나뭇가지가 될 수 없다면 다른 사람을 위해 무엇인가를 해줄 수 있는 한 줌의 잔디가 돼라. 노루가 될 수는 없다면 고기가 돼라. 그러나 호수에서 가장 생동적인 고기가 돼라. 우리는 모두가 선장이 될 수 없는 법이다. 누군가는 선원이 되어야 한다. 여기 우리 모두를 위한 일이 있다. 사람들이 해야 할 크고 작은 일이 있으니 우리가 해야 할 일은 가까이 있다. 고속도로가 될 수 없으면 철도가 돼라. 태양이 될 수 없으면 별이 돼라. 네가 승리하거나 실패를 하는 것은 일의 규모에 달려 있지 않다. 네 모습 그대로 최선을 다해라."

우리가 제대로 바르게 살지 못하면 우리의 마음은 나약함에 빠지게 된다. 우리 자신을 멋지다고 생각해야 한다. 자신이 능력이 있다고 생각해야 한다. 우리가 생각하는 대로 우리의 삶은 꾸려지는 것이다.

나의 시 〈나는 꼭 필요한 사람입니다〉를 소개한다.

"나는 꼭 필요한 사람입니다. 마음속에서 큰 소리로, 세상을 향해 외쳐보십시오. '나는 꼭 필요한 사람입니다.' 자신에 대한 큰 기대감을 가지고 살아간다면, 희망과 기쁨이 날마다 샘솟듯 넘치고, 다가오는 모든 문을 하나씩 열어가면, 삶에는 리듬감이 넘쳐납니다. 이 세상에 수많은 사람이 살아가고 있지만, 그중에서 단 한 사람도, 필요 없는 사람은 없을 것입니다. 세상에 희망을 주기 위해, 세상에 사랑을 주기 위해, 세상에 나눔을 주기 위해, 필요한 사람이 되어야 합니다. 나로 인해 세상이 조금이라도 달라지고, 새롭게 변할 수 있다면, 삶은 얼마나 고귀하고 아름다운 것입니까. 나로 인해 세상이 조금이라도 더 밝아질 수 있다면 얼마나 신나는 일입니까. 자신을 향해 세상을 향해, 큰 소리로 외쳐보십시오. '나는 꼭 필요한 사람입니다' 라고."

우리는 꼭 필요한 사람이다. 우리는 생기가 넘치는 삶을 살아야 한다. 우리의 마음속에서 어설프고 나약하게 그려진 성공의 계획은 플러그가 빠져 있는 전자 제품과 같다. 그것은 아무 일도 하지 못하는 엉터리 전시품이다. 소심하고 성공을 확신하지 못하는 사람은 언제나 플러그가 뽑혀 있다. 희망과 자신감을 제대로 나타내지 못하고 어리석게 행동한다. 늘 제자리걸음만 한다.

크게 성공하는 사람은 그릇이 크고 자신에 대한 신뢰감이 넘치는 사람이다. 자신에 대한 확신을 가져야 한다. 도전이 성공을 만든다. 인간은 누구나 단점을 가지고 있다. 그것을 극복하지 못하면 실패를 되풀이하는 일이 많을 것이다. 모든 것을 극복하고 성공하는 사람도 있지만 일생을 후회와 염려와 걱정만 하다가 끝내 절망의 눈물을 흘리고 마는 어리석은 사람도 있다. 그런 사람이 되지 않기 위해 매사에 긍정적인 마음을 가지고 자신을 믿어야 하는 것이다.

미국의 교사인 미리엄 로즌은 이렇게 말했다.

"그대의 꿈의 가장자리에서 망설이고 헤매는 것을 그만둬라. 아무것도 하지 않고 수 시간 그리고 수년 동안 소망한다고 해서 그대가 그리는 생활이 찾아오지 않는다. 밀고 앞으로 나가라. 행동해라. 그것을 얻기 위해 등록해라. 그것을 얻기 위해 지원해라. 가서 그것을 잡아라."

한 마리 매미가 여름날 귀청이 떨어지도록 울기까지는 오랜 세월 동안 준비를 한다. 이 세상에 그 어느 것도 쉽게 얻을 수 없다.

피와 땀과 눈물로 이루어진 성공이 진정한 성공이다.

자기 스스로 자신에 대한 신뢰감이 없다면 크나큰 문제다. 자기도 자신을 신뢰할 수 없는데 다른 사람이 어떻게 자신을 신뢰할 수가 있겠는가? 우리가 자신부터 신뢰할 때 모든 것이 제자리를 찾고 능력을 발휘하게 된다. 나쁜 버릇이 있다면 끊어버리고 다시는 하지 않도록 고쳐야 한다. 부족한 것이 있다면 풍성하게 채워야 한다. 연약하다면 주위 사람들이 보기에도 달라졌다고 생각할 정도로 강하고 담대해져야 한다. 우리는 변화되어야 한다.

지금 당신의 모습을 살펴봐라.

"당신은 세계의 성공한 사람들과 똑같은 손, 똑같은 발, 똑같은 눈, 똑같은 입을 가지고 있다. 당신은 세계의 성공한 사람들과 똑같은 귀를 가지고 있다."

당신이 성공하겠다는 굳은 결심으로 열정을 쏟는다면 당신도 성공적인 삶을 살 수 있다. 강하고 담대하게 외쳐라.

"나는 할 수 있다!"

자신을 사랑하는 사람이 자신을 신뢰할 수 있다. 자기 자신을 남과 비교하는 것은 일종의 함정이다. 나보다 더 재능 있고 더 부유하고 더 똑똑하고 더 재치 있고 더 인기 있는 사람은 언제나 있다.

완벽하지 않더라도 주어진 환경과 조건에서 최선을 다할 때 변화
가 일어난다. 자신을 신뢰하는 것은 자신을 있는 그대로 받아들이
는 것이다. 자신의 약점과 강점을 모두 인정하는 것이다.

자신을 신뢰하지 못하는 사람은 다른 사람도 신뢰하지 못한다.
자신을 사랑하지 못하는 사람은 남에게 존경받지 못한다. 자신에
대한 확신을 가질 때 원하는 것이 눈앞에 이루어진다.

1960년대 초의 일이다. 등산을 좋아하는 몇몇 미국 청년이 세계
에서 가장 높은 산인 에베레스트 산을 정복하려고 수차례 시도했
으나 번번이 실패하고 말았다. 그러나 이들은 실망하지 않고 다시
에베레스트 산을 등정하기로 했다. 이들은 에베레스트 산 등정을
앞두고 신문기자들과 인터뷰를 했다. 기자들은 에베레스트 산을
정복하기 위해 다시 떠나는 청년들에게 물었다.

"당신들이 이번에는 에베레스트 산을 정복할 수 있다고 확신합
니까?"

한 청년이 이렇게 대답했다.

"우리도 그렇게 되기를 원하고 있습니다. 최선을 다할 것입니
다."

그때 짐 휘타커라는 청년이 의지에 찬 모습으로 이렇게 말했다.

"우리는 할 수 있습니다! 확신합니다!"

1963년 5월 1일 짐 휘타커는 다른 세 동료를 그 산길에 묻고 홀로 8,848킬로미터의 에베레스트 산 정상에 성조기를 꽂았다.

우리에겐 놀라운 일을 해낼 수 있는 능력이 있다. 그것은 바로 자신을 신뢰하는 힘으로부터 우러나는 것이다. 성공의 확신은 삶을 변화시키는 원동력이다.

자신감에 관한 명언

- 미래는 자신이 가진 꿈의 아름다움을 믿는 사람들의 것이다. -엘리너 루스벨트

- 사람을 강하게 만드는 것은 사람이 하는 일이 아니라, 하고자 노력하는 것이다. -어니스트 헤밍웨이

- 자신감은 성공으로 이끄는 제1의 비결이다. -에머슨

- 당신이 저지를 수 있는 가장 큰 실수는 실수를 할까 두려워하는 것이다. -앨버트 하버드

- 실패를 걱정하지 말고 먼저 부지런히 목표를 향해 노력해라. 노력한 만큼 보상을 받을 것이다. -노먼 V. 필

감성 만들기

—

초판 1쇄   2007년 5월 28일
지은이   용혜원
펴낸이   김영재
펴낸곳   책만드는집

⋯⋯⋯

주소   서울 마포구 합정동 428-49 4층 (121-886)
전화   3142-1585·6
팩시밀리   336-8908
전자우편   chaekjip@chol.com
등록   1994년 1월 13일 제10-927호
ⓒ 용혜원, 2007

—

지은이와의 협약에 의해 인지를 따로 붙이지 않습니다.
잘못된 책은 구입하신 서점에서 바꾸어드립니다.

—

ISBN 978-89-7944-263-2 (03810)

이 도서의 국립중앙도서관 출판시도서목록(CIP)은 e-CIP
홈페이지(http : ///www.nl.go.kr/cip.php)에서 이용하실 수 있습니다.
(CIP제어번호 : CIP2007001479)